新聞記者

讓首相拒絕回答的女記者

望月衣塑子　著
林信帆　譯

作者的話

私たち記者は、時の為政者の暴走を防ぎ、権力を監視するために日々、採訪し報道する。

怯まず前に進もう。

我們身為記者，正是為了監督權力、防止為政者暴走，因而每天奔走採訪與報導。

所以不要害怕，勇往直前吧。

目錄

第三章　當旁觀者就好嗎？

第四章　自己能做什麼？

第五章　超越獨家主義

序言

有如拼圖一般

我常會使用智慧型手機的簡訊，從二〇一七年六月起就頻繁地使用。但我不是用來傳簡訊給其他人。我早上七點起床會大略看一下早報標題，接者準備早餐給孩子們吃，同時電視會播放新聞或資訊節目。為了記住早上不經意看見或聽見的，那些引人注意的標題或字幕，我會寄簡訊給自己保存下來。

這是事前準備的一環。

為的是參加上午十一點舉辦的，菅義偉內閣官房長官（註1）的例行記者會。

我在六月六日首次出席了官邸的發言人例行記者會，是為了親自去確認狀況，看記者會的內容是否和電視上或首相官邸網站發表的內容一樣。

幾乎各家媒體的政治部門都會出席官房長官的記者會。政治部門主要負責採訪內閣或國會議員，傳遞國家的政策或外交訊息。一方面，我隸屬的社會部門，則是採訪事件或未經證實的嫌疑，因此也很常與政治家或檢察官等權力對峙。

身為社會部門記者的我，此前從未出席過官房長官的記者會。那天我也只是想先去感受氣氛，並沒有打算發問，但因為記者會三兩下就要結束了，我不由得舉起手來。

註1 簡稱官房長官，為日本內閣最高首長並兼任發言人一職，也相當於副首相、內閣祕書長。

「我是東京新聞的望月。」

我依照在發問前必須報上媒體名稱和姓名的規定，問了幾個關於文部科學省前事務次官前川喜平的問題。途中，記者會的男司儀提醒了我：「麻煩發問簡潔一點。」

事後我自己也反省了一下，我的問題不僅很長，而且連我自己都覺得煩人。同業的外子也打電話訓斥我，「發問要簡潔有力」。

之後我也在各種場合被人提醒，所以日常生活逐漸產生了變化。我開始保存那些比較吸睛的用字遣詞，想說或許能在詢問菅官房長官時當作參考。

我還沒自我介紹，我正在（註2）東京新聞社會部門擔任記者。東京新聞是中日新聞集團在東京地區的地方報紙，整個集團以東海地區為中心，在一都十七縣發行報紙。我有一個獨特的名字叫衣塑子，這是源自

註2 本書首刷上市日為二〇一七年。

大正時代的詩人荻原朔太郎，我的母親希望我成為「能製作或創造一些事物」的人。

進入新聞社後，我在各辦事處沒日沒夜採訪了許多事件。育嬰假結束後我正在經濟部門，於二〇一四年日本武器出口解禁後採訪了當時的現狀。之後又回到社會部門，從二〇一七年七月開始，成為森友與加計問題的採訪團隊成員，追查真相並在官邸記者會上持續發問。

首次出席並非我主戰場的官房長官記者會後，過兩天我再次出席記者會。這次的提問次數比前一次更多，我拿出入行後就不停被灌輸的記者精神，總共問了二十三個問題，平常不用五分鐘的例行記者會，變成了三十七分鐘。

新聞記者的工作如同完成拼圖，必須讓對方承認真相，並進一步查證——我是被這樣教導的。採訪事件時並不會一開始就聽到真相，所以你要以發問會被否定為前提，不斷丟出疑問。

從我還是新人的時候開始，我身為記者的理念從未改變。在當初並非我主戰場的官邸，我照樣貫徹了自己的風格。

從兩個記者會觀察到的事情

我也出席了首相・安倍晉三的記者會。例會（通常國會閉會）結束後，六月十九日傍晚首相官邸舉行了記者會。

「望月妳舉手發問看看啊。」自由記者・岩上安身對我說完，又補了一句話：「但他們絕對不會點妳，我出席了五年左右，每次都有舉手發問，可是從來沒被點到。」

據說安倍首相對媒體的好惡極端鮮明。我聽岩上說，在記者會上會被司儀點到的只有NHK、日本電視臺、TBS、富士電視臺、讀賣新聞或產經新聞等少數幾家媒體。

聽說還有發生過NHK的記者沒舉手卻被點名發問。而且要問什麼問題，大多會事前提交，政府人員會配合訪綱製作回答，再由安倍首相當作自己的話照著唸。這不叫照著劇本走，什麼才叫照著劇本走呢？這種記者會有什麼意義呢？我實際嘗試舉手，還真的沒被點到。

反之，菅官房長官的例行記者會就不一樣了。

「不是你所說的那樣。」

「完全沒有問題。」

這樣的回答曾幾何時在坊間被稱為「菅話法」，也就是反覆用冷淡的態度，平靜說出固定的句子，片面中斷溝通的手法常會讓人感到煩躁。即便如此，只要記者在記者會想舉手發問，就會確實被點到。不會只選擇特定媒體，也不會要求你事前提交發問內容。

但不知何時開始，宣傳官會用「最後再一題」或「最後再一個人」的方式明確終止發問。但因為沒有得到答案，所以我無視宣傳官繼續舉手後——

「以上，記者會結束。」

居然是內閣記者會幹事社（註3）的某位記者擅自結束了記者會。明明同樣都是記者……？這點我在本書會提到，總之我感受到記者俱樂部這個制度的極限，當天甚至覺得意志消沉。

持續做理所當然的事情

話雖如此，也不能不去官邸或停止發問。

「妳要持續到何時？」朋友和認識的人常會對我這麼說。

七月我因為腹部劇痛，染病躺了幾天。壓力是其中一個病因，我可能在不自覺的情況下一直感受到外在壓力。這樣的狀況讓幾個朋友看不下去，開始擔心我。但既然能和政府或官邸連結的，只有菅官房長官的例行記者會，那我也要求自己每天上午場或下午場出席一次。

註3　記者俱樂部中負責處理、仲介事務的窗口新聞社，作用是統整各家新聞社的問題與意見，通常會由數個新聞媒體一起輪流擔任。

目前的階段，我不認為政權或官邸已經消除了森友與加計等問題的疑慮。如果沒人問，那只能由我發問。

我並非自認為社會派，也沒有對自己所處狀況感到得意洋洋。但只要覺得奇怪，不管發生什麼事情，我都會緊咬不放直到弄懂為止。我身為新聞記者，最核心的理念就是揭露警察執法機關，或是當權者想隱瞞的事情。

為此我會帶著熱情，不停反覆發問。我想做如此理所當然的事情。

現在媒體會報導我發問的模樣，我也得到許多雜誌、電視的採訪，以及演講的邀約。東京新聞也收到許多民眾的加油打氣。而我在接受鼓勵之餘，也收到了許多抨擊、可疑電話或間接壓力。

不過，儘管有人將我塑造得像是正義的英雄，或是為我貼上反權力記者的標籤，但我感覺自己與這些頭銜是有距離的。我身為記者，只是持續做著自己從新人時代就被教育的事情，而身為一個人，我是一個容易帶入感情、聲音又大的冒失鬼。
說起來有點不好意思，包含我自己的生平在內，上天給了我許多寫作的機會。新聞記者的工作為何、我從前輩和採訪對象那裡學到了什麼——希望大家在理解記者本質的同時，也能覺得「望月這個人真有趣」，並對我抱持親近感，這會讓我感到很開心。

第一章　對記者的憧憬

熱衷於演戲的時期

每當回去看小學的畢業文集，我都會面紅耳赤。當同學用文筆傾訴對畢業的想法時，我卻毫不害臊地寫了這麼一句話：「我要當演員！」

這是快三十年前的事情了，但其實我當時相當認真。

我在靠近埼玉縣的東京都練馬區南大泉出生長大，母親在我小學三年級時，帶我去參加兒童戲劇教室。四年級我進入練馬區主導的練馬兒童劇團，不知不覺開始熱衷於演戲。

我很期待每週一次的練習。發音、讀劇本或放感情練習演技，每次約兩到三小時。大家最大的目標是每年一次的發表會，舉辦地點在練馬文化中心的小音樂廳，可容納六百人左右。表演會夾雜唱歌或跳舞，反覆進行好幾次綵排，算是相當正式。

我印象最深刻的是六年級的時候，演出的音樂劇是《安妮》，我負責演主角。花了三、四個月準備，暑假還進行了四天三夜的集宿，隨著正式演出越來越近，我對練習就越發熱衷。

主角安妮相信父母還活著，逃離了孤兒院去尋找父母，過程中被警察發現而帶回孤兒院，後來受到百萬富翁奧利佛・沃巴克斯的喜愛，還在他的家中度過假期。故事中還有安妮告訴白宮閣員要抱持希望的橋段，劇情有許多高潮起伏。

音樂劇以女主角的獨唱開幕。劇中有許多獨唱的部分，我擔心自己無法勝任，但既然有這個機會，我想要完美地詮釋她，所以很努力投入練習。正式上演當天，小音樂廳幾乎坐滿了人，也有很多朋友跑來看我。開幕的瞬間——「該不會在附近的城鎮，爸爸和媽媽就在那邊～」我氣勢十足開口歌唱，但從中間開始，有幾句獨唱的歌詞我忘得一乾二淨。明明都這麼努力練習了……我現在也會這麼想「原來腦袋空白就是這麼回事」，真的就是那種感覺。

我慌忙地想掩飾，大概連觀眾都替我冒冷汗了吧。看來平常不太緊張的我，當時似乎很緊張。

與母親到小劇場

我會熱衷於舞臺表演大概是受到母親的影響。

母親在婚後積極從事保育員、接線生、遺跡挖掘調查等工作，還打零工協助家計。生下哥哥、我和弟弟三人後，她開始投入舞臺的世界。她似乎原本就很喜歡舞臺劇，因為想試著自己表演，所以加入了一個小劇團，在那裡透過演技練習和舞臺活動，得知「竟有如此有趣的世界」，後來逐漸迷上了舞臺活動。

每天工作結束，回家準備好家人的晚餐後，母親會趕著出門參加晚上七點的練習。劇團的其他成員白天也各自有工作，只有晚上大家才能一起練習。母親在午夜十二點過後才回家也是稀鬆平常的事情。小時候因為母親回家太晚，我已經睡了，所以會和母親進行交換日記，報告當天晚上的狀況。

我記得在演戲的母親看起來非常開心。

一九八〇年代是小劇場戲劇的繁華時代。母親也是熱衷於小劇場風潮的人之一。她感受到了舞臺劇世界的美好，所以也想讓我體驗一下吧。上小學後，她每週都會帶我去看舞臺劇，多的時候可能去看兩三齣。大多是去看「劇團青鳥」、「夢之遊眠社」或「劇團黑帳篷」等劇團，在小劇場表演的舞臺劇。

小劇場會讓演員和觀眾有親近感，對小朋友來說就算劇本太難懂也不會在意。舞臺劇會和觀眾一同歡笑和哭泣，我非常喜歡小劇場的氣氛。

在劇團青鳥的戲劇《仙杜瑞拉……在米糠醬裡打一根釘子》中，所有演員都是女性。這部作品透過從公寓消失的哲子，以及尋找她友人考子的旅行，詢問人們在平凡的日常中等待、追求和持續尋找某種東西的意義。裡頭有許多哲學性的臺詞，但搭配時髦亮麗的服裝或舞蹈，讓人一點都看不膩。

那種被帶入虛構世界的感覺，讓我從頭興奮到尾。

我幾乎沒有和哥哥或弟弟一起看舞臺劇的記憶，所以母親似乎只想讓我邁入舞臺劇的道路。

母親常對我說：「沒有比舞臺更有趣的東西了，要是我早點注意到就好了。」

說句題外話，奇妙的是我那沒被帶著到處看劇的弟弟，後來不僅加入了劇團四季，還跳出來自己成立劇團，目前在參與各種舞臺的腳本或演出。

小劇場這類麻雀雖小，五臟六腑俱全的會場，讓我切身感受到緊迫感或熱情。在一同流汗、流淚的同時，親身感受舞臺魅力，也讓我自己對舞臺表演抱持強烈的憧憬。

當時有一部以舞臺劇為主題的少女漫畫叫《玻璃假面》，在當時已經是暢銷作品，我也曾經迷上過。所以很自然地，在畢業文集中也以此點綴了未來的夢想。

遇到一本書決定了我的人生方向

我就讀於國立東京學藝大學附屬的大泉小學，國中升上同系列的大學附屬大泉中學。

我對演舞臺劇的心願益發強烈，國二時甚至以特別優待生的名額加入了演藝事務所「俳協」（東京俳優生活協同組合）。也因此，當時大多數朋友都以為我會邁入舞臺之路。

但另一方面，有個全新的邂逅一直在等待已經上國中一陣子的我。

「衣塑子，妳看一下這本書吧。」

某次，母親不經意地拿了一本書給我，那是在我國中二年級的時候。

那是名為《南非種族隔離共和國（註4）》的書本，讓我說不出話來，整個人被吸引了。內容是日本攝影記者・吉田瑠衣子在合法推動種族隔離政策的南非共和國，用照片和文章傳達日常生活的景象。我在那時知道有種族隔離，但對過著和平生活的我來說，當地「計程車僅限白人搭乘」或「喝水的地方也會分開」的事實已經超乎我的想像。

這些內容以照片與鮮明、平淡但同時帶有強烈憤怒的文章，帶出了在遙遠的異國之地，黑人的身分不如白人，甚至不被當成人對待的狀況。南非在二戰結束後不久，人種的差別對待就一直持續。母親也受到很大的衝擊，所以才會推薦這本書給我。

「不要只關心自己周遭，也要時常關心世界上發生了什麼事。」

這句話母親很少說出口，但抱著這種想法的她，常會推薦我一些說明世界貧困或不平等的書籍或電視節目。看了吉田瑠衣子的書後，讓我

註4　出版於一九八九年，大月書店發行。

更想認識吉田這個人。

吉田瑠衣子畢業於慶應義塾大學法學院政治學系，歷經NHK職員與朝日放送主播的工作後，到了美國的知名大學留學。之後她居住在紐約十年，期間磨練攝影技巧，在紐約哈林區拍攝的照片獲得高度評價，並獲得公共廣告獎。

她也是首位進入南非共和國的日本籍攝影記者。透過照片傳達眼前的真實情況，她的身影讓我感到正氣凜然和帥氣，也不由得感受到她那股「必須將現實即刻傳達給日本」的決心與使命感。

母親知道我在吉田記者的書上受到超乎想像的衝擊，也幫我調查了許多事情。某次，母親不知從哪裡得到一個資訊，說吉田記者要招待受種族隔離之苦的孩童來日本，並在東京都內主辦音樂劇。我和母親立刻到澀谷的劇場觀劇。

音樂劇結束後，吉田記者走到了觀眾席和觀眾聊天，母親牽著我的手到她的身邊去。

她是什麼樣的人呢……我心跳加速，與她近距離接觸。我的第一印象是對她嬌小的身形感到訝異。我也算很嬌小，而她也和我一樣，可能還比我嬌小一點吧。但她身上卻綻放著一股能量。

我興奮地與她握手，右手傳來某種讓人發麻的東西。

如果我也能從事跟吉田記者一樣的工作，走遍世界，傳達社會的矛盾和困苦蒼生的真實樣貌，過著她這樣的生活就好了——不知不覺間，我開始對此抱持憧憬。

當然演繹舞臺劇也很開心，但比起透過飾演角色去傳達某種事情，我逐漸萌生一種心情，想從事能正視種族隔離等現實，並將其傳達出去的工作。而有一部分的原因，也是因為我從小學就開始演舞臺劇，內心某處開始對飾演角色感到些許厭倦了。

在這段過程中，我迎接了高中升學的時期。第一志願是同為東京學藝大學的附屬高中。但就算是同系列的國中，也必須考試才能升上去，因為一個學年只有四分之一的人才升得上去。總之我拚命準備考試，最後成功升了上去。

入學後，我馬上面臨了選擇。

如果要正式在「俳協」進行包含舞臺演員或連續劇等活動，那就必須要與放學後的活動做取捨。我思考了很多，最後決定退出「俳協」。對方讓我當了特別優待生，所以這是一個難受的決定，但決定之後我就不再猶豫了。因為在嚴厲的升學考試後，我想要享受高中生活，同時也希望未來能變成像吉田記者那樣跑遍世界的新聞記者，這樣的想法在我心中逐漸增大。

來自記者父親的一句話

父親說的一句話也用力推了我一把。

父親除了喝酒以外，平常很沉默寡言。小孩想做什麼他都不會干涉，從小到大不管我做什麼，他都會靜靜在一旁觀察，然後在背後幫我加油。

父親身為產業報紙的記者，累積了很長的年資，但後來我才知道他是幾經波折才就任記者這份工作。父親以優秀的成績升上東京都立的升學高中，卻跟大學生一起熱衷於學運。我跟職場前輩或同僚說起這件事情，他們都說「真不愧是妳的父親」。

父親似乎度過了熱血沸騰的學生時代，在學期間幾乎沒有讀書。後來大學考試備取上了私立大學。但他聽到備取要另外繳十萬日圓的入學金後，父親暴怒並當場撕掉文件。

後來對拍照技巧毫無自信的他，不知為何跑去讀攝影專門學校。專門學校裡頭，包含電影導演崔洋一在內，有許多性格鮮明的同學。一群晚年和父親也有來往的同班同學，常常稱呼父親叫「洗太淡」。

「以前那個時代我們要自己洗照片，我總是洗得太淡，從來沒有洗好過，所以大家才會這樣叫我。」父親笑著跟我說。

畢業後，他曾立志當攝影師，但或許是發現自己沒有才能，所以不久便換了工作。

父親是一九四九年出生的戰後嬰兒潮世代，聽說是外出旅遊搭船，認識了大他一歲的母親。母親高中畢業後在一間小出版社工作，幾年後離職，原因是想外出旅行，而搭順風車橫越日本。她在某處搭船時，偶然在船上遇到了父親。

這偶然的邂逅成為契機，兩人結婚了。但該說他們是關係好到會吵架嗎？他們兩人都是脾氣暴躁的類型，所以我從小就常看到兩人因為大小事而激烈爭吵。

這樣的父親第一次回顧自身工作，並和我闡述他的經驗，應該是在我國中或高中的時候吧。

「一直以來，我從各種立場的中小企業經營人，或產業第一線的人那裡聽到許多事情並寫成報導。雖然我的工作是產業報紙，但感覺就像是站在中小企業的角度看整個社會，這也滿有趣的。」

父親雖然不像吉田瑠衣子那樣在世界各地到處跑，但還是對記者這份工作抱持肯定的想法，這更加強化了我心中萌生的憧憬。

追尋吉田瑠衣子的腳步

我抱著「想當新聞記者」的念頭迎來大學學測的季節。國中升高中時，我從早到晚都在讀書，但升大學時我就沒準備得這麼賣力。幸好我平時的在校成績與日常表現優異，所以我靠推薦上了慶應義塾大學法學院政治學系，剛好和我憧憬的吉田記者一樣的科系，成為她的直系學妹。

在畢業工作前，我決定要通過大學內的選拔，跟吉田記者一樣到國外留學——我懷抱這樣的夢想，正式成為一名大學生。

然而，現實卻沒這麼容易。

這大概是沒有認真準備大學學測的報應吧。我的英文跟周圍相比落後了一大截。口語表達和聽力幾乎都不行。慶應的學生，留學要先通過學校內的選拔考試。這樣下去留學根本是白日夢。

當我抱著一種近乎急躁的心情時，恰好遇見了社團「K・E・S・S」。

正式名稱是「慶應義塾大學英語會（註5）」，取縮寫稱為「K・E・S・S」。

這個社團以大學創辦人福澤諭吉的兒子・福澤一太郎為名譽會長，創立於一八九三年，是歷史超過一世紀的社團，能在日常生活中使用英文，用英文簡報或演講，這樣不僅能享受社團活動，還能同步提升英語能力，可說是一石二鳥。

社團內有許多集會，但因為我在入社前曾在戲劇集會的甄選會上露臉演出，所以一進社團就被安排去戲劇集會。光是這裡就有接近一百名社員，其中演員有十人左右，裡頭還有小道具或照明負責人等，雖說是

註5 集會的日文羅馬拼音為Keio English Speaking Society。

社團卻有十分正規的體制，而我則成了演員。在新的團體用英文塑造角色，這讓我感到很有趣。

這不單只是愉快而已。戲劇集會最大的目標是磨練表現力。第一年表演的戲劇《仙杜瑞拉的華爾滋》，是世界知名童話《睡美人》的喜劇版，我飾演的是壞心且瘋狂的繼母。我過去有戲劇經驗，還受過多名舞臺導演指導，所以有一定的表現力，但我不認為這對提升英文能力會有幫助。

附帶一提，扮演讓女王穿鞋的人是明治天皇的玄孫，也就是跟我同期，就讀法學院的竹田恆泰。現在來看，我覺得雙方在思想上是對立的，但他還是把我當成同伴，甚至有邀請我參加他的婚禮。

對托福成績感到愕然

我的英文幾乎沒有進步，但升上二年級後，我更加渴望到國外留學。我得知就算畢業後如願成為一名記者，假如是報社記者也必須在國內累積十年的經歷，才能到海外的分公司任職。

於是我想趁就讀大學時體驗海外生活，增廣見聞。一方面也是因為我很嚮往曾在美國讀書，並在紐約生活過的吉田記者。為此，我去考了托福，也是校內選拔的評估基準……但看到分數後我傻眼了。合格的話必須要考五百五十分以上，但我只有四百五十分。

聽說這個分數，代表無法測出你的能力在哪裡。這樣要通過校內選拔到國外留學根本就是作白日夢。我因為考上大學而鬆懈，沒有努力學習英文，這讓我感到懊悔。

我這一年到底在做什麼呢？我不得不承認還是應該認真學習才行。

當我這麼想時，公演後有段時間沒往來的「K・E・S・S」突然打電話聯絡我，希望我再去參加戲劇集會的活動。雖然機會難得，但我還是拒絕了。我決定認真學習英文。這種感覺就像遲來的學測一樣。

我覺得自己最弱的地方是聽力。

當時別說是光纖電視，就連網路都沒有現在發達。我在大學的課程結束後，回到家會狂聽三到四小時的收音機。頻道是AM廣播八一〇千赫的「FEN（註6）」，這是專為美軍基地相關人員和其家屬提供節目的電臺，我利用它記住母語人士的發音。

這個電臺現已更名為「AFN（註7）」，廣播主持界的第一把交椅小林克也，在小學時也是忠實聽眾，我曾在他的著作中讀到這件事。

剛開始，我覺得從喇叭放出的英文就像雜音一樣，明明是一個一個的單字，我聽起來就像黏在一起。內容我也幾乎是鴨子聽雷。這樣真的能提升英文聽力嗎……有好幾次我都想放棄。

然而過了一年後，就在第二年初我終於能掌握到單字的排列。連帶的，讓我的托福分數也變好了，大三時分數總算突破五百五十分，成功通過大四春天舉辦的校內選拔。

註6 Far East Network，遠東廣播電臺。
註7 American Forces Network，美軍廣播電臺。

但這不代表我馬上就能留學，大約一年後我才終於能出發離開日本。當時是人稱就職冰河期的時代。同學都在拚命進行就職活動，我卻選擇留級。當朋友都畢業變成社會新鮮人的一九八八年四月，我出發前往南半球的澳洲。

在留學地受重傷

我挑選的留學地點是慶應的海外合作學校：墨爾本大學。大學的四周被大自然圍繞，校園占地廣大，城內有路面電車，教堂林立。這正是海外大學的感覺，會讓人聯想到西洋的街景。

終於要開始在海外生活！或許是這樣讓我有點興奮過頭，我剛到澳洲立刻就引發了騷動。

首先，留學生專用的國際宿舍附近有一個網球場，我在那裡用力活動身體，結果扭傷了腳踝。雖然只是扭傷，但我的傷勢頗為嚴重，不得已撐了一個星期的拐杖。

接著，我在某個派對上抽中可以縱橫澳洲大陸的旅遊券，於是我興高采烈地前往澳洲北部的達爾文，結果在那裡頭部受了重傷。

澳洲最北邊的達爾文有一片能從石頭上跳水的湖泊，也是熱門的觀光景點。我抵達那裡時，有一個德國觀光客從十公尺高的地方歡呼一聲跳入湖中。因為實在很可怕，所以我從五公尺的地方開始挑戰……但跳下去之前我腳滑了一下，最後倒栽蔥摔落湖中，一頭撞上了湖泊前方的岩石。

我在摔落的瞬間，好像事不關己一樣，萌生了「啊，我可能會這樣就死掉」的想法，頭部撞上岩石的瞬間感覺非常刺痛。我用手摸了頭，才發現頭上有黏糊糊的鮮血。周圍的人發現我的慘況，合力將我抬出湖泊。

我剛好在額頭右側的髮際一帶受了撕裂傷，被運到醫院縫了幾針。醫生甚至要我住院兩週，所以我的脖子被石膏牢牢固定，必須在病床上絕對靜養。

醫生對我這麼說：「妳很幸運呢，好險脊椎沒有受傷。」

這個摔落事故變成了一大騷動，甚至上了達爾文的地方報紙。

「妳回來的時候可要擺脫拐杖啊。」

我出發前，宿舍的大家用這句話送我離開。現在回想起來，撐著拐杖去旅行，還跳水入湖的我實在是很厲害。

我因傷而比預期還早回到宿舍。頭上包著繃帶，脖子打了石膏。看到我悲慘的模樣，出來迎接我的大家開口關心的同時，也按捺不住捧腹大笑。

這個傷痕到現在還能看見，平常我是用頭髮遮住，但依不同的角度，看起來會像圓形脫毛症。偶然看到我頭上疤痕的同僚或記者朋友，都會用一本正經的表情同情我說：

「望月……妳真的很操勞呢。」

「雖然妳平常那樣，但其實內心很纖細呢，別太勉強自己啊。」

今年對我這樣說的人一口氣增加了，在我說明原委之後，他們就會改口笑說：「這果然有妳的風格呢。」

在大學的專題研究感受到核威懾理論的「陽剛感」

我原本想在墨爾本大學學習女性主義。

我在慶應時，從三年級的九月開始就隸屬於「赤木完爾研究會」。原本專題研究是從三年級的四月開始，但因為法學院的赤木完爾副教授（現為教授）當時在海外留學，所以才會從九月開始。

對拚命準備海外留學的我來說，這多出來的半年可以拿來提升托福成績和學習英文，於是我選擇加入「赤木完爾研究會」。然而，由於赤木副教授曾在防衛廳防衛研修所擔任戰史部教官，所以課程討論都圍繞在現代國際政治或安全保證研究，感覺非常「陽剛」。

特別是安全保證研究的基本思維是核威懾理論，要有某種程度的武力或軍事力，國家之間才能保持平衡。甚至有專題研究班的學生，參加了防衛廳在暑假為一般社會大眾舉辦的軍事訓練。

我對過去曾投入學生運動的父親有些抗拒，一直覺得自己「沒有父親那般偏頗」，但我也和立場完全相反的「赤木完爾研究會」無法有思想上的共鳴。

雖然我說了一堆，但其實我的本質還是跟父親相似吧？當我在思考自己的立場時，覺得有點無法贊同課程的內容。大多數人的畢業論文都選擇安全保障類的題目時，課業有些落後的我卻刻意選擇了「印度的教育政策」當題目。

因為有這樣的反作用力，所以我在出發到澳洲前，就一直對女性主義、女性學和性別學感興趣。

順理成章地，我在墨爾本大學也參加了女性主義研究會，但是情況明顯和日本不一樣。全球的女性聚集在一塊兒，氣氛非常熱烈，彷彿在討論戰鬥的學問一樣，這種被氣場壓倒的感覺，我現在依舊歷歷在目。

接近回國的時間時，當然畢業後的事情也會在腦中浮現。有一陣子我曾想過升上研究所繼續進行女性主義的研究，但到了一九九九年初，我開始有強烈的意念，想早日踏出身為新聞記者的第一步，因為這是我從高中時代就一直懷抱的夢想。

我的學生宿舍被大自然圍繞，是一個很悠閒的地方。學習和跟夥伴之間的情誼等，我經歷了一段很棒的時光，但一到晚上九點，周圍就會被黑暗圍繞，這也開始讓我感受到有所不足。

這可能是因為我生長在喧鬧的東京——這個人潮絡繹不絕，有無數資訊交錯，霓虹燈永遠不會消失的城市吧。

回到日本之後，要努力找工作才行，我抱著這樣的想法回國了。

求職的筆試成績全軍覆沒……

春天回國後，我到報社與電視臺拜訪了大學畢業的學長姊。

當時手機和電子郵件不像現在這麼普及，所以我是臨時打電話給對方。幾乎所有的學長姊都在百忙之中抽空和我見面。

當時已經是每日新聞社的堂姊：望月麻紀也是我商量的對象之一。當時她第二次外派到分局，剛在博多經歷完每天採訪的日子，又接到了調往政治部門的人事異動，人才剛回到東京不久。

當時她說了這麼一句話：「真希望上面馬上把我調回博多呢。」

她在博多負責採訪警察單位，當然也會有辛苦的地方，但是真的是一份有趣的工作，她語帶熱誠地說道。讓我對新聞記者，特別是對報社記者的憧憬變得益發強烈了。

同時我也想嘗試自己來採訪看看。於是我決定到東京一個叫山谷的城鎮。橫跨台東區與荒川區的山谷地區，是日領臨時工的聚集地。我到那裡採訪了當地居民。

一個人走在路上，我也不覺得可怕。當我一路傾聽各種聲音後，感受到的是當地人心中的寂寞。

他們說自己也有一些問題，所以才會被逼入現在的窘境。有些人傾訴說想見四散的家人，也有人聊了自己的小孩，看似十分想念他們。

國家或行政單位是否能夠幫助他們呢？我記得當時邁入大學六年級的我，心中朦朧浮現了這樣的想法。

接著，我展開了就職活動。願意和我見面的學長姊都異口同聲地給了我這樣的建議：

「妳的性格非常好，所以面試不會有問題。只要通過前面的筆試就一切ＯＫ了。」

然而，現實沒有這麼容易。等待我的是連戰連敗的每一天。

大眾媒體的就職考試是從全國性的大型報社開始。我在讀賣新聞社、朝日新聞社、日本經濟新聞社的第一階段筆試就被刷掉，無法進到第二階段面試。ＮＨＫ的話，雖然通過第一階段的面試，但在第二階段的筆試被刷了下來。

雖然大型媒體落榜了，但我沒有時間沮喪，再來是地方的跨縣報社。

大型報社都沒上的確讓我很震驚，但我聽說只要在地方報紙努力當記者，未來被全國性報社挖角是很常見的事情。身為記者老前輩的父親也常對我說：「大型媒體落榜了也不用太氣餒。他們錄取率本來就很低，有考上其他報社就好了。」

我同一時間也去考了民營電視臺，通過了日本電視臺和富士電視臺的筆試後，進入後續面試，我說明自己的報考動機是想從事報導工作，他們理所當然地回應說：「電視臺的話，大多會被分配到業務或製作的工作。如果想從事報導的話，可能無法貫徹妳的初衷喔。真的想從事報導工作的話，要不要考慮去報社？」

於是兩家電視臺都在最終面試前落榜，我感受到同樣是報導，但報社和電視臺的氣氛似乎有點不同。這是我今年在出席菅義偉內閣官房長官的記者會後，無意間回想到的事情。

跨縣報紙中，北海道新聞與東京新聞的徵才比較早。東京新聞正確來說，是由中日新聞社東京總公司發行的關東地區及東京都的跨縣報紙，但也會刊載全國性的新聞。

我接連通過北海道新聞和東京新聞的筆試，後者經過東京總公司的面試後，到了中日新聞社的總公司所在地，也就是愛知縣名古屋市進行最終面試。接著，北海道新聞的最終面試結束，當我在等待合格通知時，東京新聞通知我已經被內定了。

這個瞬間，我的就職活動也宣告結束。我向尚未公布結果的北海道新聞說，自己將會去中日新聞。

在新人培訓階段配送報紙

到了二〇〇〇年四月，我比同期進大學的人晚了兩年進入了社會，進入了中日新聞社東京總公司，步上我一直憧憬的新聞記者之路。

不過就跟一般企業一樣，報社也有新進員工培訓。當時我在中日新聞名古屋總公司培訓了五個月左右，在社會部門、運動部、寫真部等擔任實習生，學習報導的撰寫方式，或照片拍攝方法等基礎技巧。

培訓中最特別的是實際配送報紙。我在愛知縣內的中日新聞專賣店住了一個月，體驗把剛印好的報紙送到訂戶手中的各種過程。報紙從印刷廠印好送來後，新人要在每份報紙夾傳單，然後搬到摩托車或腳踏車上，到負責的地區配送，風雨無阻。要抱著感謝的心情，準時將報紙送達等待報紙的讀者手中。

但這個新人培訓的工作方式，會依被分配到的專賣店而各不相同。我分配到的地方是春日井市內的專賣店，經營者是一對溫柔的初老夫婦。當時我只負責晚報的部分，他們幫我準備了一間整潔的房間和床鋪。房間本來是他們的小孩在使用，現在小孩已經離家獨立生活。老太太每天會親手幫我準備三餐。快五月底的時候，我的體重也稍微增加了。

培訓結束後，我再見到同時期進公司的夥伴，大部分的男性員工都暴瘦了一圈。聽說他們每天都要送早報和晚報，有人甚至跟其他人同房，不分晝夜被徹底操了幾個月。

聽到我的待遇後，他們異口同聲地羨慕說：「不敢相信，居然只要送晚報！」

八月下旬結束培訓後，我的工作職位決定了。

我被分配到千葉分部。搬好家之後，我滿心期待，帶著興奮到近乎發抖的心情進入了分部。但沒想到，我不久後居然會在採訪地點嚎啕大哭。

馬上後悔當記者

事情發生在二〇〇〇年九月一日下午，晚報剛截稿不久後。一名前報紙銷售所的業務因為殺害同居養母，棄屍在千葉縣鋸南町的鋸山中而被捕，後因他對其他女性施暴而被四街道署的搜查本部再次逮捕。

組長下令我去採訪住在四街道市內的死者家屬，請他們針對嫌犯被捕一事做出評論。

我急忙開著分部的車子，一個人趕往了現場。但我對當地完全不熟，那時沒有導航，一邊開車也不方便一邊看地圖。原本只要三十分鐘就能到的地方，我迷路了接近兩個小時還沒到。

後來我找到公共電話，打了電話回分部。

「妳現在到底在哪裡！人還沒到嗎！」

就算你這麼說，我已經很拚命在開車了啊！我把這個心情藏在心裡，好不容易抵達了目的地。

其他公司的記者已經走光了。大家都採訪完回分部了吧。

終於趕到的我，急忙跑上公寓的樓梯，來到死者家屬的住家面前按下門鈴。死者高齡的妹妹打開了門。我報上報社名稱和姓名，戰戰兢兢地說出了自己的目的後，她的先生走過來擠出了這句話：「請放過我們吧。我們無話可說。」

他的聲音有氣無力。或許已經有好幾家報社來按過門鈴。那是一種悲傷又無奈的聲音。我沒辦法繼續發問，因為對方的心情湧入了我的心中。

我回到車上，在一段距離外找到公共電話並打回分部。

「這種狀況實在太可憐了，我問不下去。」

我直接說出自己的心情，但話筒另一端的語氣卻非常冷靜。

「不行，妳再去問一次！」

當時的時間逼近傍晚，但天氣還是很炎熱，忙碌的蟬叫聲在四周迴盪。我掛掉電話，帶著沉重的步伐回到車內，用力甩上車門，眼淚不斷湧出。

這起事件的男性嫌犯，在一九九八年成為被害人的養子。雙方是經由共通的友人介紹認識，被害人大他一輪。兩人同住在四街道市內，後來男性因為負債超過一千萬日圓而被責罵，他一怒之下勒住了被害人的脖子，還用石頭毆打其頭部致死，最後棄屍在鋸山山中的灌木叢。遺體被發現時已成了白骨。

在之後的審判中，我得知被害人死前說的最後一句話。

「我為什麼必須要被殺死」——被害人的悔恨讓我感到鬱悶。此時，我還不知道這句話。不過為了讓讀者明白被害人的感受，上面交代死者家屬的評論不能只是「請放過我們吧。我們無話可說」。我想這是理所當然的事情。

但一方面，對方已經很悲傷了，為什麼我還要做出傷害他們的殘酷行為，詢問會讓他們感到厭惡的事情呢？這種無處宣洩的心情同樣湧上了心頭。

現在的我如果看到了，大概會說「等一下，為什麼妳會因為那種事情而哭啊。」但當時只是菜鳥的我，覺得我一直嚮往的新聞記者這份工作，跟我被指派的任務之間存在著巨大的鴻溝，內心感到十分愕然。

沒人看得見，聲音幾乎不會外露的車內，是最適合哭泣的地點。過了不久，我的淚水也跟著收斂，心情稍微平復了下來。

直到那時我才想「我怎麼會選這份工作呢」，同時我也心念一轉，覺得「頭都已經洗一半了，只能繼續做下去」，以及「如果無法放上評論，就無法傳達死者家屬的遺憾」。

對記者這份工作的死心、絕望和使命感同時交錯，成了我當下的心情。

距離第一次造訪大概三十分鐘過後吧，我再次按下了門鈴。前輩記者曾經教過我，在對方開門的瞬間要用腳尖把門擋住，不要讓對方把門關上，但當時我實在做不到。我下定決心，再次表明來意。

或許是他們可憐滿臉歉意再次來訪的菜鳥記者吧，願意簡短接受採訪的死者家屬，留下了一句話給我，內容大概是「人不會因為這樣就死而復生，但是看到犯人被捕讓我們鬆了一口氣」。

當時還沒有錄音機。我拚命用原子筆做筆記，然後打電話向組長報告。雖然只是微不足道的字數或版面，但這段評論被刊載在隔天的早報上。

「這就是記者的工作啊。」

我的腦中浮現受訪的死者妹妹夫妻，心中的某處感到釋懷了。

穿高跟鞋和裙子的新聞記者

東京新聞的千葉分部位於千葉市中央區中央三丁目，鄰近縣政府、縣警本部、地方檢察廳和地方法院。

讀賣新聞社、朝日新聞社、產經新聞社、日本經濟新聞社的千葉總局或分部也在同一塊區域，每當有事件發生時，我和其他報社的記者相處的時間會比跟同事還要多。

想起新人時代的自己，我現在也會不好意思。當時我到公司上班穿得就像一名學生，一件墊肩的紫色套裝搭配短裙，腳上還踩著高跟鞋，甚至還穿這樣跑到採訪現場。

某次有人跟我說：「最好不要穿裙子，因為有時候可能要爬電線杆。」、「而且可能會爬上垃圾山拍照，所以不能穿高跟鞋。」

如此給我建議，告誡我身為記者該有哪些心態的人，是一位大報的男性前輩記者。這種跨越公司藩籬的狀況不只限於千葉，不管是在哪個分部，新人記者大多都會受到其他報社的前輩鍛鍊。

被這麼說的當下，我有點訝異居然連服裝都會有人指點，但想了一下覺得前輩說的也沒錯。後來我就換成好活動的服裝。

包含新人記者在內，跑警察署可說是分部記者的起點，而且大多會訪問副署長。因為警察署的公關主要是由副署長擔任。某位警察署的副署長，曾說了這麼一段話振奮了我。

「望月，妳還太嫩了，多跟這傢伙學習一下，他採訪和跑新聞的方法跟妳完全不一樣。」

「這傢伙」指的正是提點我服裝的前輩男性記者。我真心覺得一個記者能被警方、而且還是副署長等級的人肯定，是一件很厲害的事情。當時我心想，總有一天我也要變成這樣的記者。

某次，我鼓起勇氣向那位前輩記者請教跑警方新聞的技巧。

前輩當然不會把自己熟識的線民告訴我，但還是提點我，如果覺得某人是關鍵人物，就要不分晝夜拚命去找他，這類「基礎中的基礎技巧」。

東京新聞在千葉縣的市占率不算高，所以到警察署跑新聞時，常會讓你感到氣人。

「我是很想讓妳寫一個大獨家啦，可是東京新聞嘛……刊在你們那邊到底誰會看？」

總有一天我要爭口氣給他們看。可是要怎樣才能拿到其他報紙沒有的獨家？正因為我心中一直帶著這股疙瘩，所以遇到那位前輩記者，感覺就像找到一道光。

覺得他很麻煩的第一印象也不知不覺地消散殆盡。我注意到自己甚至對他抱持一種敬畏，我想成為像他這樣的新聞記者。不過，當時我完全沒想到，自己居然會和這名前輩記者結婚。

與縣警幹部的早晨馬拉松

回到千葉分部的新人時代。我聽了其他報社前輩記者的意見，立刻著手培養自己的關鍵人物。我鎖定的目標是縣警刑事部搜查第一課的幹部A。我從很多地方打聽到，A的信念是「刑警必須鍛鍊身體」，所以每天早上五點都會跑馬拉松。

這或許是一個機會。我立刻買了馬拉松鞋，早上五點前就跑到馬拉松路徑的公園入口等待。

「早安！」我盡可能露出爽朗的微笑打招呼，然後陪他在早晨的公園內跑步。

這個時期我有時會跨日跑新聞，或是有酒席持續到深夜，警方的幹部有時會在半夜兩三點打電話找我去喝酒。就算前一晚幾乎沒睡、頭昏眼花，除了下雨天之外我還是會去跑一個小時。

稍微跑一下放慢速度後——

「今天會有記者會嗎？」

「○○的案件終於動起來了。」

我們會有這樣的對話，但如果是快跑過後，我們只會靜靜地走路。

可能沒人知道這名幹部有這樣的習慣吧，我沒看到半個其他報社的記者。我們不知道一起跑了多久。某次跑完馬拉松後，他開口邀請我說：「要不要一起吃頓早餐？」

我第一次受邀到他家去，一進門發現夫人已經親手備妥三人份的料理。原來他打從一開始就計畫邀請我。

幹部夫婦的溫柔讓我很暖心，覺得對方稍微感受到我的熱誠，體恤了頭昏眼花在跑步的我。我和夫婦倆吃飯時，也常會看到其他報社的記者一早跑來按機關宿舍的門鈴。

A在那之後也很照顧我，但同時他也是一個非常注重平衡的人。他不會每次都給我提示。他對待我，就跟對待早晚努力跑來採訪的其他記者一樣公平。

當然，資訊與其他報紙之間也不會有差異。

「望月的題材都是跟那個幹部拿的。」

其他報社的記者常會這樣說我，但我的獨家資訊其實大多是從A以外的線拿到的。A甚至提供過我明顯就是在說謊的內容。

我會覺得自己不論早晚都很努力，為何得不到回報，為何無法跟其他報紙做出差異，也不是一兩次會懊悔到在家裡或車內哭出來。

不過，這種花時間在我覺得重要的採訪對象上，傳達我的熱情和想法給對方的過程，成為了我日後記者職涯的基礎。

我曾經給A添過一次大麻煩。

二〇〇一年四月七日爆出了一起驚人的事件，一名三歲男童被家人施暴致死，父親、繼母、祖父母，甚至包含曾祖父在內共五人，被縣警搜查一課和木更津署逮捕。

男童因為腦部損傷於同年二月死亡，他是父親與前妻的小孩，父親在外工作留他在家時，遭到繼母等四人的拳打腳踢。繼母等四人因傷害致死被捕，父親則是明知有虐待情事卻置之不理，有遺棄之嫌而被捕，這起事件震驚了社會。

非常擅長採訪社會事件的讀賣新聞，在警方逮捕時就已掌握整個偵察流程。他們在事前掌握到這五人被請到警局協助調查，年輕的記者老早就在袖浦市內的事件現場等候。

原本這會變成讀賣新聞的大獨家，但我也恰好掌握到資訊，在晚報截稿前一刻趕到了現場。當時我既緊張又興奮，拍照時手抖得很厲害，不過還是拍到了幾張警方請他們協助調查時的照片。

之後A打了電話過來。

「如何？妳知道狀況了嗎？」

「別說如何了！我好不容易拍到照片！」

我從很早的階段，就一直向A打探何時要逮捕這起案件的嫌犯。但他還是老樣子，沒向我透露半點內容。後來我在其他管道採訪時，偶然掌握到這條消息，所以急忙開車到袖浦市內，總算在第一時間趕上了。

A看到我連日連夜來打聽，或許在心中的某處覺得對我很不好意思吧，又或許是他認為我追不上讀賣新聞的報導，所以打電話來慰問。然而，無法諒解的卻是讀賣新聞。

他們把資訊封鎖得滴水不漏，早就準備好要在晚報頭版刊載獨家新聞，結果偏偏不是朝日新聞或共通新聞社，而是被東京新聞追上了，這似乎觸怒了他們。

「到底是誰把資訊洩漏給望月的！」他們理所當然會騷動起來。

就在這不對的時間點，現場氣氛正劍拔弩張，A打了電話給我。我也跟平常一樣，像在演舞臺劇似地大聲對應。現場的讀賣新聞年輕記者把我們的對話聽得一清二楚，結果誤會是A洩漏了消息。

而A一直都很照顧我這點，更是在讀賣新聞的怒火上澆油。聽說沒過多久，讀賣新聞的組長就到縣警公關課大聲抗議。

「你們獨厚東京新聞，這樣是差別待遇！」

幹部A愛勾引女性，什麼事情都跟望月說——我害他被冤枉，扣上這頂不得了的大帽子。

「現在立刻下車！」

千葉是一個事件頻傳的地區。每個月都會成立一個大型的搜查本部，換言之就是時常發生殺人事件。

正如前述，讀賣新聞擅長採訪警方相關的事件，而朝日新聞則擅長採訪收賄或違反選罷法，也就是搜查二課負責的事件。其中我也搶先採訪到幾件小醜聞。就算對象是平常有往來的「警察」，該動筆的時候還是要動筆。

我在跟他們往來時，心中早已畫好一條界線。

當一名記者把自己覺得奇怪的事情寫出來時，大多會被警方責罵說為何要報出來。即便如此，讓醜聞曝光對警察這個組織的未來是有幫助的，我一直抱著這樣的心情在寫報導。

我也會把當局透露的消息寫成報導，但透露終究只是透露，必須觀察背後是否有其他意圖。我的目標是打探對方想隱藏的事情，並將它攤在陽光下。這是我身為記者的核心與主旨，直到現在也不曾改變。

我在檢閱早報或晚報時總是忐忑不安，畢竟獨家被其他報紙搶走的心情不會太好。早上每當手機響起，肯定是獨家被人搶先報走的時候。

「唉！被搶先了，好懊悔啊……」

我會帶著鬱悶的心情，急忙梳妝打扮前往現場或幹部的家採訪。

日本新聞業界的用語中，有個詞叫做「YASA帳（住址簿）」，裡頭刊載了縣警等幹部居住的機關宿舍地址。當然這些地址並未對外公開，可說是分部的記者獨家調查的財產。

聽讀賣新聞或朝日新聞的記者說，他們的住址簿是歷代傳承下來的，但反觀東京新聞幾乎毫無資源。某次我要直接採訪某位幹部，跟上頭說想查一下「住址簿」，結果看到組長一邊說「放到哪去了呢」，然後一邊翻箱倒櫃，讓我頓時無語。

我在千葉分部服務的兩年間，調查了許多機關宿舍的地址，充實了自己獨家的「住址簿」。據說東京新聞千葉分部的歷史中，從未有記者對事件採訪如此有熱情，所以我算相當稀有的存在吧。

東京新聞千葉分部是如此悠然自在，但我在這裡遇見了一位對新聞記者這份工作相當自豪的前輩，就是加藤文記者。

應該是在分部工作的第一年，富里市發生了一起悲慘的事件，有名女性被姦殺，第一個發現屍體的是她在二樓睡覺的年幼孩子。

我和成田通信部的加藤記者開車正要前往現場時，「這裡如果這樣做，就能更聰明、更合理地進行採訪對吧。」當時還是新人的我，悠哉地說了類似這樣的話。

話才剛說完，加藤記者突然緊急煞車停在路邊。

「妳現在立刻下車！」

「咦？」

「不是這樣的吧！妳這種心態不行。採訪應該更腳踏實地去做才對！」

加藤記者在整理部（註8）待過很長一段時間，後來調派千葉分部成為成田通信部的負責人。他總是抱持著要找出真相，就算隱瞞也會挖出來的熱情。他大我七歲左右，標準身材但體型健壯，手上總是拿著一根菸，鼻子下面的一撮小鬍子是他的特徵。

我為自己輕率的言論道歉，才得以繼續坐在副駕駛座上。後來，我又在其他現場意外看到這名前輩記者熱血的一面。當時的景象讓我不由得懷疑自己雙眼。而後來，當我在追究森友問題與加計問題時，那也成為支撐我的原始動力。

註8　負責下標排版的部門。

第二章　宣洩噴發的熱情

殺氣騰騰挑戰警方的前輩記者

一陣熟悉的怒吼，傳到了市原署的副署長室外頭。

「為什麼你不確實回答！這樣根本沒辦法採訪！」

到底發生什麼事，剛從現場訪查回來的我慌忙進到了房間內。印入眼簾的是副署長的身體姿勢明顯不自然，他的雙腳微微從地板浮起，呈現懸空的狀態。原本他應該是坐在沙發上回答問題才對……

當時市原市公所發生了挾持事件，分部的每位記者都被採訪追著跑，副署長完全不打算說明市公所內的狀況，於是就有人去逼問他，甚至抓著他的後頸，那個人就是東京新聞的加藤文記者。

不過這部分我記錯了。我原以為副署長當時是浮在半空中，為了寫這本書我特地向當時在現場的其他記者確認，才發現當時加藤記者沒有抓副署長的後頸。但加藤記者就是殺氣騰騰到會讓你記錯事實，那股魄力和試圖問出真相的聲音震懾了我。

這位記者前輩就是第一章也有提到，叫我立刻下車的記者。他魁梧的身材和沸騰的熱血，直接面對市原署的副署長。市原市公所在二〇〇〇年秋天發生了挾持事件。警方的一課特殊班進到現場想說服犯人時，市原署的副署長負責接受採訪，因為搜查的總部就設置在那裡。

就算副署長是負責公關工作，還是會分擅長和不擅長對應媒體的人。我記得當時的市原署副署長是警備警察（註9）系統出身的，對於事件發生後的應對比較生硬，而且不得要領的地方也不少。

不僅如此，也能隱約看出他對應媒體的思維是「不要透露資訊給媒體才是最佳的對應」。記者守候在市原署看著時間不斷流逝，過了一晚大家內心也都很煩躁。

挾持事件尚未結束前，當然會以逮捕犯人為最優先考量，所以我也

註9 警備警察：負責保護要人、防範國際恐怖攻擊、災害救助、大型活動戒備、取締非法移民、處理爆裂物或化學物質等工作。

能理解要限制資訊流出，但此時的副署長包含現場的狀況在內，絲毫不肯向記者透露半點消息。不管問了幾次我們都被鬼打牆，一直得到同樣的答案，這讓加藤記者的耐心到了極限。

「我是很認真地在問副署長，你這到底是怎樣！」

就連被這位前輩記者罵過好幾次的我，看到他逼問副署長的神色，也讓我感受到不同以往的恐懼感。當下氣氛變得很緊張，不管是其他報社的年輕記者，還是市原署的相關人員，在副署長室的所有人全都僵在原地，彷彿都中了定身咒。

後來，副署長似乎察覺至今的對應方式不太妥當，才開始公開一些資訊。

我切身感受到前輩想知道事實的滿腔熱忱。前輩記者滿溢的熱血打動了副署長，這個光景讓我體會到何謂記者的風骨。

我們這一代畢業於泡沫破滅後的就業冰河期，俗稱失落世代。大家都說我父親那一輩——即戰後嬰兒潮世代那種齊心對抗權力的精力，經過泡沫時代後更加不復存在了。

但幸運的是，我剛出道當記者時，還有很多前輩記者飄散著昭和時代那種古早良好的氛圍。身材嬌小又沒力氣的我，當然無法衝上去揪住對方。但我可以帶著誠意直接面對，讓對方不願意開口也能打動他的心。

十幾年前在市原署副署長室的強烈體驗，造就了我這種心態。

是否帶著熱情認真在思考

當我在千葉分部建立了自己的人脈，終於開始對記者這份工作感到愉快時，一位很認同我，刑事部擔任鑑識工作的資深搜查員對我說：「我不會看對方有多聰明，也不取決於是哪家報社。我會不會對新聞記者說出資訊，取決於他帶著多少熱情在認真思考事情的本質。」

在偵察機構工作的人會有各種保密義務。他們對新聞記者幾乎什麼都不能說，但他們的心中有一條界線：「如果你真的很想知道，又努力到這種地步的話，那或許可以透露到這邊。」

這取決於你是否能不分晝夜採訪，針對眼前的事情，是否能發揮熱情去面對。我常會這樣告訴自己，並做為千葉分部、橫濱分部、社會部門的司法線負責人、埼玉分部、經濟部門一路採訪至今。

再次回到社會部門的現在，我的想法依舊沒變。我平日都會跑首相官邸，並帶著這樣的想法，面對在例行記者會上對任何事說著「不會有問題」的菅官房長官，持續與他對峙的每一天。

警方因收賄事件來探口風

當時的東京新聞如果被派到分部工作，時間大約會是兩年。我是二〇〇〇年八月赴任，原本應該待到二〇〇二年夏天。

當時的分部長對我說，為了將來多累積經驗，所以去跑政府相關的新聞會比較好。於是我從二〇〇一年秋天開始，約莫半年的時間負責跑市政相關的新聞。

老實說剛開始我不覺得有趣，或許因為是刺激度比不上跑縣警的社會新聞吧。於是我除了日常工作，晚上還會跑去採訪警方或地檢署的檢察官。

剛好那個時候，週刊《SUNDAY每日》報導鎌谷市的休閒設施「Sawayaka Plaza Karuizawa」，在建案的選擇性招標上有收賄的嫌疑。報導本身沒有很大，但造成的衝擊卻不小。我到地檢署採訪後發現這不是單純的收賄，可能會牽扯到鎌谷市的高層，甚至是中央政界。

「可能會牽連到井上裕參議院議長的祕書。」

我在採訪地點聽到這句話，興奮地覺得「這件事會牽扯到這麼廣嗎？」並開始依據採訪得到的內容，跟前輩記者們描繪事件構圖，同時討論鎖定採訪對象，整個分部都動起來進行採訪。

在搜查一課的刑事案件採訪中，我們只能等鑑識人員調查物證後提供相關資訊，換句話說，是單向的。但採訪偵辦收賄等案件的搜查二課時，資訊就會變成雙向。偵辦方也想從報紙或記者那裡得到資訊，所以不會讓記者吃閉門羹，採訪的樂趣也會因此增加。

於是，這也考驗了我們可以調查到哪種程度。我徹底細查了招標紀錄等資料，並採訪相關人員，梳理出某種程度的脈絡後，再去採訪檢察官，以證實我的推測。

鎌谷市的貪汙事件是由千葉地檢的特別刑事部（特刑部）負責偵辦。他們也想逮捕犯罪嫌疑人，所以不太希望被我們記者干擾。但他們或許也想讓社會知道這起事件的嚴重性，所以有慢慢放出資訊給我們。

對我們來說，那些資訊會成為全新的提示，縮小下一個採訪目標。

有時他們也會探我們的口風，詢問一些他們無從知曉的資訊。例如當時的鎌谷市長皆川圭一郎，在被逮捕前曾接受過東京新聞的採訪。皆川市長從未想過自己會被逮捕，所以說了許多選擇性招標相關的事情。

採訪中他抽著雪茄，展現游刃有餘的態度，但事件完全曝光後，就能知道他說的一切都只是藉口。在他被逮捕的時間點，報紙刊登了與他的對答內容，紙本新聞的價值也一口氣攀升。

特刑部在正式收網前無法對市長出手，所以會想從記者口中問出目標人物現在的狀況。當然我們也不會全數提供。這種雙方的角力讓我感受到刺激，在雙向的溝通找出真相的作業流程，就像慢慢解開數學難題一樣。

跳脫縣版！

皆川市長涉嫌收賄被捕，發生在二〇〇二年五月三十日。

一九九九年十二月舉行的休閒設施「Sawayaka Plaza Karuizawa」的選擇性招標中，井上裕參議院議長的政策祕書，事先從鎌谷市那裡拿到包含預估金額在內的招標資訊。聽到這些內容的中大型建商熊谷組因而得標，市川市內的建設公司則成為下游得以參與工程。

政策祕書因為提供標案資訊，從建設公司那裡收到六千四百萬日圓的回扣，其中約三千萬日圓，透過經常出入鎌谷市公所的井上議員私人祕書，流到了皆川市長和其心腹川井彰助役（註10）。

收賄的舞臺發生在發包公共工程的「環境衛生公會」，這是由鎌谷市、柏市和白井町（現白井市）共兩市一町共同創立的組織。皆川市長是這個公會的管理者，也是工程發包的最高負責人。

最後查明的結構圖非常淺顯易懂。特刑部於五月二日逮捕和起訴了川井助役、井上議員的政策祕書與實質上的私人祕書共六人，最後順藤摸瓜，成功逮捕了現任市長。

當然，井上參議院議長也因為這場騷動受到牽連，引咎辭掉議長的職務，還進一步為政策祕書引發的醜聞負責，連帶辭去了參議院議員。

眾議院當選過一次，參議院四次、曾在第二次海部內閣改組中擔任文部大臣的自民黨大人物所涉及的貪汙事件，當然不會只局限在千葉

註10 助役相當於臺灣的副市長。

縣，接連幾天成為了國內頭條和社會版的熱門新聞。對身處分部的人來說，「跳脫縣版」是其中一個目標。

所以我在一開始掌握到消息後，大約有兩個月的時間拚了命在跑這則消息。

我連睡覺都捨不得，幾乎沒在休息，卻一點也不覺得難受，反倒有股充實感。我透過報紙一點一點揭露市長或助役等掌權者在背後上下其手的過程，覺得採訪充滿了刺激，會讓腎上腺素飆高。

一方面，過段時間再回顧，這件事反倒讓我引以為戒。

包含被逮捕前的皆川市長採訪在內，我在報紙上成功添加了友報沒有的要素。但仔細思考，我那篇報導本身也被涵蓋在特刑部最後公布的案件全貌中。

比方說，井上參議院議員主張的辭職理由是：「痛切感受到自己對祕書的監督責任，決定承擔政治上、道義上和社會上的責任。」

他當下用「不知道」否認了自身與事件的關係，但這番話真的能照單全收嗎？政策祕書收取的六千四百萬日圓中，約三千萬日圓轉到了市長和助役手中。那剩下約三千四百萬日圓究竟跑到哪去了？有沒有可能是非法政治獻金呢？

這其中是否有特刑部不打算發表，簡單來說就是想偷偷抹滅掉的事實呢？其中是否有一直以來就有的政治交易，所以才會只逮捕到祕書就停手呢？我在特刑部描繪的劇本中沾沾自喜，這讓我對自己感到難為情。

我是否已經做到最深入的採訪——這種反省的心態，帶領我前往全新的目標。

對中央政界帶來如此影響的事件，搜查是由千葉地檢的特刑部負責。如果是由東京地檢特搜部，由檢察廳中菁英中的菁英——在洛克希德（註11）事件中逮捕田中角榮前首相的組織來負責會如何呢？

出乎意料的是，我的目標在二〇〇三年八月就早早實現了。

註11 一九七六年發生於日本的貪汙事件，洛克希德為美國的飛機與軍火公司。該事件導致前日本首相田中角榮於同年被捕，同時被視為美國水門案的案外案。

讀賣新聞的邀請

結束在千葉分部約兩年的工作後，二〇〇二年八月，我前往橫濱分部任職。

同為首都圈的分部，橫濱分部的工作也一樣繁忙，但有趣程度卻遜於千葉。同樣都是早晚跑去採訪警官，但該怎麼說呢……兩地的警官在人格上有不同之處吧。千葉縣警給人很嚴厲的感覺，但其實他們會仔細觀察新聞記者，比方說他們會笑著說「你早晚都很努力呢」，然後提供住家搜索等資訊給我們。

當然，新聞記者和千葉的警官偶爾會有衝突，但我感覺雙方會觀察彼此本質，在最根本的部分互相認可。神奈川縣警的警官與其說是坦率，不如說都會化。可能也是因為當時的神奈川縣警正處於重整的時期吧。過去神奈川縣警被揶揄是「瀆職的集散地」，神奈川新聞也曾大肆報導，讓他們被批得體無完膚，後來引發問題的幹部被一掃而空，組織進行了大換血。

可能是我不小心透露出想採訪更多事件的心聲，某次，其他報紙的記者對我說了一句意想不到的話：「妳這麼喜歡採訪的話，要不要來我們這裡？」

建議我跳槽的是讀賣新聞裡負責採訪縣警的組長。其實我們也算認識。在第一章寫到的袖浦市事件中，就是這位記者衝到縣警公關課大聲抗議：「你們獨厚東京新聞，這樣是差別待遇。」

現在情況一變，他跨越公司的藩籬跑來關照我。

我真心感到開心。或許是這份在千葉時代的緣分，加上雙方剛好都在各自公司的橫濱分部負責採訪縣警，促使他跑來邀請一直覺得成果不如預期的我吧。

我在大型報社的就職考試接連落榜時，聽說在地方跑跨縣新聞的優秀記者被大型報社挖角是很常見的事情。實際上這個機會比我想像中還要早到來。甚至還是我從千葉分部時代就一直對其抱有敬畏之心，十分擅長採訪警方案件的讀賣新聞，同時我也覺得想跳槽就要趁早。

但在那之後，我收到了調往東京總公司社會部門的人事命令。如果是公司的社會部門，或許能採訪東京地檢特搜部，而跳槽到讀賣新聞，大概又要從分部開始。能學習採訪案件的經驗確實很誘人，但若能在進公司第四年就負責東京地檢特搜部……最後我向讀賣新聞傳達歉意，選擇留在東京新聞。

二〇〇三年八月，我提早一年離開原則上要待兩年的橫濱分部，依照人事命令轉調到中日新聞東京總公司的社會部門。加入了我一直期望的司法記者俱樂部，負責採訪包含東京地檢特搜部在內的檢察體系與官司。

這邊我想簡單介紹一下記者俱樂部。

日本的報導體制中有一個獨特的制度稱為「記者俱樂部」，各政府機關或官方機構，會定期向俱樂部的記者召開記者會。此外，政府機構的辦公大樓會設立記者室，所以記者大多會待在採訪地的記者室而非自家公司。

我在此時隸屬的司法記者俱樂部位於霞關高等法院內。另外還有很多記者俱樂部，例如位於內閣府的「內閣記者會」和位於防衛省的「防衛記者會」等等。

由於官僚等相關人士近在咫尺，見面的機會也很多，所以非常便於收集資訊。但這個制度也有各種問題點，例如非加盟媒體的記者無法參加記者會，或能否發揮監督權力的作用也令人存疑。

從極機密管道入手的非法獻金名單

組長看到A4紙上面刊載的多個名字，明顯興奮了起來。

「妳好像不知道，這個真的很猛喔。」

我早晚不斷採訪相關人士後入手的極機密名單，上頭記載了收受日本齒科醫師聯盟（日齒連）迂迴獻金（註12）的自民黨國會議員的姓名、金額和日期，共二十人左右。

提供某位議員五千萬日圓、給另一位議員兩千萬日圓等，這份資料確實記下了迂迴獻金的實際樣貌。這是政治資金收支報告書上不會記載的內容。總計金額應該隨便就超過三億日圓。

組長點出這些事情後，我才實際感受到這份名單的價值，有陣子甚至夾在我的筆記本裡頭帶著走，深怕遺失。

我調任到總公司的社會部門，負責跑司法新聞後大約過了七個月，也就是二〇〇四年二月，撼動政界的「日齒連事件」，因為那張名單開啟了媒體報導的戰火。

東京新聞大幅領先了其他報社。我依照名單逐一求證，研究他們為

註12 迂迴獻金：日本法律規定企業及業界團體不得向特定政治家捐款，但企業可向政治團體捐款，再以迂迴方式要求將款項提供給特定的政治家。

何需要向該名議員迂迴獻金，還徹底對照了周圍的間接證據和政界動向。當時我還詳細確認日本齒科新聞等業界報紙，同時用整個版面報導了這則獨家新聞。

但東京新聞的一連串報導，似乎讓東京地檢特搜部感到不悅。我持續採訪並撰寫報導時，間接聽到東京地檢特搜部的幹部對我感到憤慨。

「望月想要毀掉我們的案件。」

我開始採訪是在我拿到那份名單的兩個月前。從二〇〇四年的年初開始，司法記者俱樂部就在傳，東京地檢特搜部已經盯上日本齒科醫師會的政治團體：日齒連。

想當然耳，各報社在檯面下的採訪之戰就此展開。例如，對照自民黨推派的吉田幸弘前眾議院議員的政治資金收支報告書和日齒連的名單，明顯會有矛盾的地方。

我經過多次採訪，在一月三十日的晚報頭版，刊登了這起事件的第一個獨家。

「日齒連未明記獻金　二〇〇〇萬日圓流向吉田前議員　疑似違法」

日齒連的總部位於齒科醫師會館的四樓，該處距離ＪＰ市谷站約三百公尺。在東京新聞的獨家報導後三天，該處被東京地檢特搜部入內搜索。

領先友報與被領先

不過，在獨家新聞上報前後那段時間，東京地檢特搜部已經明顯很焦躁。包含檢察官和事務官在內約三十人的陣容，在上午七點剛過就抵達齒科醫師會館的玄關前，準備進行入內搜索。這個時間算是異常地早，很明顯是不想被媒體察覺。

特搜部入內搜索足足過了半天，被扣押的資料裝了兩百九十個瓦楞紙箱，需要六臺大型廂型車來載，光從這些地方來看就很不自然，很難讓人覺得目標只有前年總選舉落選的吉田前議員而已。

我堅信他們另有目的，也持續走訪相關人員，最後到手的就是那份名單，上頭記載了收受日齒連迂迴獻金的現任自民黨議員。

東京新聞成立了十五人的調查小組，因為吉田前議員曾在名古屋市開過齒科醫院，因此中日新聞社會部門中，負責跑司法線的人也加入了團隊。當然其他報紙也加強了採訪力道，不願讓東京新聞專美於前。

當違法獻金相關的事實浮上檯面後，記者要採訪國會議員，他們一定會要求「先傳真訪綱過去」。雙方會透過辦公室進行傳真，但議員們幾乎不會在我們設定好的日期傳真回應。

這樣我們就無法寫成報導，所以只剩下埋伏一途——也就是直接在議員會館（註13）埋伏政策祕書，然後被對方罵，這是稀鬆平常的事情。

日齒連被入內搜索後，包含臼田真夫前會長等日齒連的幹部六人在內，最後共有十六人被逮捕或在宅起訴（註14）。這樣一來，採訪承接此案

註13　議員辦公室聚集的地方。
註14　起訴時未羈押犯罪嫌疑人。

的律師也會變得很重要。

想拿獨家就必須直接採訪律師，但我不可能知道律師住哪裡，所以只能像偵探一樣鎖定對象跟蹤他。費盡千辛萬苦找到律師的家後，高興沒幾下，就會遇到讀賣新聞的記者，這已經不是一次兩次的事情了。

「你怎麼會在這裡，麻煩閃一邊去。」

讀賣新聞老早就盯上那名律師了吧？就算如此他們也沒理由要我走開。所以我輸人不輸陣也回嘴了：「為什麼你在這裡我就要閃開？」

因為懊悔而打電話罵檢察廳幹部

季節從春天經歷梅雨後，來到炎熱的夏天，我收到一個消息指出日齒連曾提供自民黨一筆非法政治獻金，金額遠大於清單上記載的位數。

我透過自己建構的管道，向東京地檢特搜部的幹部打聽。但不知為何，對方的態度總是模稜兩可，最後都會用這句話帶過：「這要是說了，整個日本就會翻天覆地。」

最後我從其他相關人士得到資訊，指出一億日圓的非法政治獻金才是東京地檢特搜部真正的目標。不是迂迴獻金，而是非法政治獻金，這一點的確會震撼政界。我們重新調整採訪組織，我記得是在兩天後才開始查證作業。

結果，讀賣新聞早一步刊登震驚社會的獨家新聞。

「給橋本派一億日圓支票　日齒連臼田被告二〇〇一年參院選舉前親手交付支票未記載於報告書中」

東京新聞一直依據名單內容領先友報發出獨家新聞，而讀賣新聞的這篇報導所伴隨的巨大衝擊，說是讓我們完全失去優勢也不為過。

報導指出，日齒連在東京赤坂的料亭，親手將裝有一億日圓支票的信封交給橋本龍太郎前首相，當時在場的還有日野廣務前幹事長，以及晚一點才趕到的青木幹雄前內閣官房長官。

因為可能會搜查到前首相身上，當天早上開始，整個日本宛如被捅了馬蜂窩似地亂成一團。也因為兩天前我就已經掌握到消息，組長心中的懊悔可謂非比尋常。

「啊——這個消息居然被報走了！」平常沉著冷靜的組長，好幾次呢喃自語。我也一口氣上來了，立刻打電話給態度一直模稜兩可的檢察廳幹部。

「你暗示的就是這個嗎!?說整個日本會翻天覆地，我跑得這麼拚命，為什麼你就是不肯說！」

我的懊悔超過臨界點後，有時語氣會粗暴到讓周圍的人愕然。當時因為太過懊悔，感覺是半哭半怒了。我對著手機怒吼，周圍的人可能也被我嚇到了。

提供消息的採訪對象裡頭，有一部分的人會故意摻雜錯誤的消息。因為如果都說真的，別人可能會懷疑他就是洩密者。所以我們會查證，不會照單全收。就算被假消息唬弄，我們也不會恨對方。因為是被騙的人不好。

然而這次是對方一直含糊其詞，最後甚至賣了個面子給關係最好的讀賣新聞報導頭條，讓我只能帶著近乎嫉妒的憤怒，朝著電話一頭噴發怒氣。

被搶先就搶回來

但不能只是垂頭喪氣。獨家被搶走就必須搶回來。

名單上頭的國會議員中，要找出媒體還沒報導，而且還能給予衝擊的，就只有大臣階級的人。於是，我鎖定名單中記載收到兩千萬日圓的坂口力厚生勞動大臣。

讀賣新聞的大獨家問世後三天，我們用這樣的標題大篇幅報導了獨家新聞。

「『坂口厚勞大臣收受兩千萬日圓』　日齒連透過吉田犯嫌　內部資料記載為『醫政對策』　坂口大臣否認」

報導內容是說，相較於已被逮捕的吉田前議員，日齒連向坂口厚生勞動大臣支出了兩千萬日圓，但這篇報導卻引發了大騷動。

我事後回顧有一個很大的反省點。這筆迂迴獻金是兩千萬日圓的鉅款，所以必須直接採訪坂口大臣本人。但我們採訪的卻是坂口大臣的政策祕書。不可否認，我們的採訪團隊之間是有一些急躁。

「手腳不俐落一點的話，搞不好又會被讀賣搶先。」

結果正如標題所提到的「坂口大臣否認」。新聞出來當天，坂口大臣主張這件事是子虛烏有，大臣所屬的聯合執政黨公明黨發出抗議聲明，要求中日新聞和東京新聞更正報導內容。

不僅如此，坂口大臣在內閣會議後的記者會上還說了這麼一段話：

「報導跟事實完完全全相反，我會窮盡一生對抗到底。」

正如他所言，一週後他主張自身名譽被報導內容所毀，向東京地檢特搜部遞交告訴狀，控告中日新聞和東京新聞的編輯部長毀謗名譽，同時還向名古屋地方法院提起民事訴訟，要求損害賠償與刊登道歉廣告。

訴狀提到報導內容給人的印象，是日齒連透過吉田前議長支付了兩千萬日圓的獻金給坂口大臣。而日齒連雖然有給吉田前議員兩千萬日圓的獻金，吉田前議員則分兩次帶了共兩百萬日圓要給坂口大臣，但坂口大臣並未收取，在事後退還了回去。

據說讀賣新聞在早期階段就掌握到這個事實，所以他們沒有打算報導坂口大臣的案件。一邊是一億日圓的非法獻金，另一邊則是幾百萬日圓的迂迴獻金，而且還馬上被退款，從新聞價值的角度來看，讀賣新聞做了適當的判斷。

而坂口大臣的告訴狀不只影響之後「日齒連事件」的採訪，也對我的處境造成很大的影響。

被特搜部傳喚　為期兩天的調查

至今為止，因為我拿到的那份名單，東京新聞在日齒連事件的相關報導上大幅領先其他報紙。但當公明黨遞交名譽毀損的告訴狀後，狀況為之一變。公司大概是不想再惹官司，開始給予諸多限制，讓我的採訪一口氣變得很困難，無法隨心所欲撰寫報導。

而且，受理告訴狀的東京地檢特搜部開始約談東京新聞，而非坂口大臣本人或其政策祕書。所以不只是身為被告對象的中日新聞和東京新聞的編輯部長，連在新聞發售前一天，協助製作頭版的社會部門和整理部的編輯主任，甚至是在現場採訪的司法線記者都被約談，必須前往東京地檢特搜部所在的霞關東京地方檢察廳。

司法線記者有三個人，當然包含我在內。媒體，包含第一線記者在內被檢調約談，可說是前所未聞。

「如果是我們，絕對不會讓你們被約談，尤其是第一線的記者，必須要加以保護，所以我們公司會讓律師當窗口去應對。」

如此憤慨的是讀賣新聞的司法線記者。聽他說，讀賣新聞已經建立好體制能夠應對訴訟，還聘請擅長打名譽毀損等官司的資深律師・喜田村洋一擔任顧問律師。該律師戰績輝煌，曾讓洛杉磯疑惑事件（註15）的被告・三浦和義，和藥害愛滋事件（註16）的被告・安部英無罪獲釋。

反觀東京新聞的狀況呢？接近約談日的每天，我都被叫到顧問律師的辦公室。

「這個麻煩妳先仔細看完。」

我拿到的是一張紙，上頭寫了「特別公務員暴行凌虐罪」相關的內容。顧問律師如此補充說明：「如果對方在約談的時候辱罵妳，妳可以向他問罪。檢察官如果說了什麼奇怪的話，妳只要主張這符合『特別公務員暴行凌虐罪』就好。」

我們的顧問律師不像讀賣新聞會當盾牌保護你，而是依據過去的判

註15　又稱三浦和義事件，是一九八一至一九八二年間發生於美國洛杉磯的傷害日本人事件。被害者三浦夫妻在洛杉磯停車場內遭到兩位男性槍擊，最後妻子身亡。身為丈夫的三浦在偵辦期間被懷疑為殺妻凶手。

註16　一九八〇至一九九〇年代的日本醫學爭議事件，因採用帶有愛滋病毒的非加熱血液製劑，導致約一千八百名血友病患者感染愛滋病。

例給予建議。簡單來說就是要你去東京地方檢察廳一趟，自己努力面對約談。

我在心中不由得吐槽道：「結果是要我一個人去嗎！」我抱著忐忑的心情，迎接約談當日。

在八月熱到讓人渾身沒勁的天氣下，前往霞關的腳步莫名沉重，這點我還記憶猶新。

東京地檢特搜部負責約談我的檢察官，是與我有過一面之緣的特搜部資深檢察官・山田賀規。我被帶到大約兩三坪的寬敞偵訊室，裡頭除了我和那位檢察官，還有一名作筆錄的人員。

我記得裡頭有窗戶，但內部就是電視劇常見的那種空蕩蕩的空間。該說令人意外嗎？上午的約談是在友善的氣氛下進行。

「妳是怎麼得到資訊的？」

「應該就是從日齒連那邊吧。」

檢察官時而面帶微笑，用溫和的口吻詢問坂口大臣相關報導的經過。當然我無法回答採訪對象等內容，所以我盡可能地敷衍過去，時間也分分秒秒過去了。

到了中午，我們進入一個小時的休息時間。前面要我放輕鬆，甚至讓你感受到溫柔的檢察官，到了下午態度突然豹變。我的兩位前輩男記者也在同時間各自接受約談。我早就設想到承辦檢察官會在休息時間綜合上午得到的資訊，用來進行下午的詢問。

檢察官在下午開口說出的第一句話，伴隨著令人生畏的表情。

「妳撒了一個很大的謊。」他散發出一股氣勢，彷彿在說妳無法騙過我們，「妳不覺得身為一個人說謊很可恥嗎？做出這種事情，妳還有臉見自己的父母嗎！」

這就是人格攻擊嗎？我在心中理解到這點，決定徹底行使緘默權。

「為什麼妳什麼都不說！」

我面對綿延不絕的言語攻擊，一個想法不知何時開始湧上心頭。

「前輩上午的時候到底說了什麼呢……」

我知道自己逐漸陷入疑心生暗鬼的狀態，但還是一直貫徹緘默到晚上七點過後。為了讓自己進入無我的狀態，我集中意識在偵訊室的時鐘上，或是思考其他事情，盡可能把意識放在其他事物上。

當我身心疲憊不堪，人終於可以離開時，對方告訴我隔天也要約談。

同時接受約談的兩位前輩男記者只要去一天就好。

「為什麼只有我……」

我的腳步比上午來霞關時還要沉重，回到也位於霞關的司法記者俱樂部。

「妳做得很好。辛苦了。」

笑著迎接我的是組長，他幫我叫了壽司，正在等我回來。以他的角度是想慰勞熬過長時間約談的我們三人，但我感覺自己成了犯罪嫌疑人，而且明天還要被單獨約談，想到這裡，我實在沒心情吃東西。

即便如此，我們還是坐在桌邊，斷斷續續回顧剛結束的約談。

明天等待我的又是一段痛苦的時光。想到這，我不禁脫口說：「他們千方百計想問出消息來源。如果是給提示的話，稍微說一點應該沒關係吧？」

慰勞的氣氛為之一變，組長突然暴怒說：「妳說啊，但是在那個瞬間，妳就要給我做好封筆的打算！」

封筆，也就是辭去新聞記者的工作。他提醒我說，到時候別說是離開東京新聞，甚至沒辦法再繼續當記者。保護消息來源是記者的使命，是必須貫徹到底的道德觀。

現在想起來這很理所當然，但只是短短一天，就讓我的意志削弱到這種地步。屈服於對方的壓力，就算只有洩漏一點提示，在那瞬間記者與消息來源的信任關係就會瓦解。這不是我一個人的問題，甚至會撼動整個新聞界。

我萌生了這種可說是在撒嬌的心情，實在讓我感到非常害臊。同時我也很感謝自己所在的東京新聞。我們不像讀賣新聞會有顧問律師當你的擋箭牌，但我們有熱心的前輩，不管遇到什麼困難，他們都會狠下心來教導你，要貫徹記者的矜持。

前輩們會照顧我，這個想法舒緩了我隔天約談的緊張感。

「東京新聞寫太多東西了」

據說兩位前輩男記者不像我一樣有受到人身攻擊。我慢慢明白東京地檢特搜部真正的目的。他們想拿坂口大臣的事情當藉口約談我，藉此問出名單的提供者是誰吧？

所以到了下午，他們態度一變，時而拿出我父母來逼問，還要我隔天也去一趟。從東京新聞依名單搶先進行報導的階段開始，東京地檢特搜部明顯一直很焦躁。包含當時的特搜部部長在內，幾乎所有幹部都很氣憤，覺得「東京新聞寫太多了，妨礙偵察」。

這件事我事前已經聽說了。我成為中心人物在蒐集資訊，特搜部所有人都覺得很不愉快，將我當成眼中釘。公明黨提出的訴狀，對他們來說恰好是順水推舟。

我在這樣的情況下，抱著組長要我做好的覺悟，第二天同樣在保持緘默下接受了一整天的約談。也許他們也擔心繼續約談我會被司法記者俱樂部關切，所以沒有第三天的調查。

我湧現度過難關的安心感，同時也出現一種想法：「這次他們約談我的前提是我供出消息來源，如果是以逮捕為前提，檢察官給我的壓力肯定會截然不同。」

我在夜間採訪過許多嫌疑人，時間都會挑在他們被東京地檢特搜部約談後返家那時候。而他們一定會從隔天開始到其他地方住宿，不會待在家裡。

現在站在被約談者的立場，我不禁覺得情有可原。受到檢察官尖酸刻薄的持續轟炸，腦中會不自覺湧現絕望的想法，覺得這些事情不能跟家人、雙親或任何人說，只想趕快回家睡覺，然後記者還會在家門口堵你，這肯定會讓體力和精神都達到極限吧。

坂口大臣及公明黨對中日新聞、東京新聞兩位編輯部長的刑事告訴，最終以「查無兩人對寫成報導一事有所干預」為由，獲得不起訴處分。這是二〇〇四年耶誕夜發生的事情。

轉調內勤

要繼續當第一線的記者，還是轉調整理部當內勤記者？二〇〇四年年底，我被迫必須離開採訪第一線。

各部門的編輯主任會把第一線記者寫的報導送到整理部，再由整理部負責下標和排版成每天的新聞版面。我非常喜歡第一線採訪，所以當然會希望繼續留在第一線。

但我被上司說服，最終還是接受了人事異動。

其實在那之前，公司就一直提醒我採訪費用花得太凶。主要是包車和與相關人士的聚餐費。

我在二〇〇四年夏天迎來佳境的「日齒連事件」採訪中，做了數不盡的蹲點埋伏。為了不讓採訪對象察覺，悄悄躲在樹下或隱蔽處等待是社會部門記者的基本姿態。我會請包車司機在某處待命，但看到採訪對象追上去之後，常常會中途攔計程車，再請包車司機趕過來。

當追蹤的案件收尾，有人被逮捕之後，我也會蹲點埋伏在葛飾區小菅的東京看守所。這段期間也會請包車司機在附近待命。這麼做是為了堵來看守所會見的律師，並從律師和嫌疑人之間的對話，打探出東京地檢特搜部的偵察方向。

東京看守所周邊沒有半點可躲避盛夏太陽的陰涼處。在烈日的體力消耗下，我們會輪流蹲點。這麼做之後得到的評論可能只有簡短一句話，很多時候甚至只有不予置評。

說句題外話，政治部門記者會直接坐在開著冷氣的包車上，停在國會議員的官邸前等候。政治部門和社會部門在等待方式上的差異也令我訝異。

蹲點埋伏時，我很常使用包車，但是有一個地方需要大大反省。我因為採訪以外的工作會離開兩到三小時，包車也會直接留著。晚上的採訪拖太長，隔天一早又要出去採訪時，我會間隔幾個小時又安排新的包車。

恰好那時日本的泡沫經濟瓦解，陷入長期蕭條，所以公司努力在削減各種經費。正因如此，我那金額特別亮眼的包車費用和聚餐費自然會被盯上吧？

直到現在，我依舊會反省這點。

整理部教導我的另一種新聞

我對做內勤的自己感到彆扭，但異動到整理部後，我最終在那裡培養出身為新聞記者的全新感覺。

我們要把各部門交上來的報導，站在報紙版面製作的角度，分類成頭條新聞或次要新聞再上標題，然後從照片部提交的照片中挑出適合的畫面，最後用電腦排版。其中要思考該怎麼做，讀者才會比較好閱讀，或是會比較想閱讀，還會需要一些專欄讓大家在閱讀中能喘口氣。

從千葉分部的時代開始，我的記者生涯眼裡看到的，除了事件還是事件，只會盯著眼前的事件跑，但有時也會需要全面性，能俯瞰版面或整份報紙的感覺——社會上不是只有事件。

能夠擴展視野，我認為對我的記者生活也是加分的。

我剛遭到異動時心情很沮喪，大概是反應在幹勁上了吧，某次管理整理部的編輯主任罵我說：「妳夠了，給我認真做！」

第一線的記者拚了命在採訪，新聞稿是他們的心血結晶，如果整理部不全力以赴，我在第一線採訪也大概會暴怒吧。畢竟一直沮喪也沒用，於是我轉變心情。也因為上面意有所指說，過段時間就會讓我回社會部門，這也成了支撐我的動力。

要說我心中唯一的遺憾，就是我幾乎花了整個二〇〇四年在採訪的「日齒連事件」，在異動之後無法繼續採訪，只能在其他部門以一介讀者的身分觀看後續的官司。

這起事件最大的焦點就是一億日圓的非法獻金。最後村岡兼造（橋本派會長代理）因記載不實違反了政治資金法，最後被在宅起訴。官司於一審獲判無罪，但二審逆轉有罪，改判監禁十個月，緩刑三年，二〇〇八年最高法院駁回上訴，全案定讞。

一方面，在東京赤坂的料亭收受日齒連一億日圓支票的橋本龍太郎前首相，和當時也在場的青木幹雄前內閣官房長官則因證據不足，獲得不起訴處分；野中廣務前幹事長則因「有涉案但未積極參與案情」這種奇妙的理由，獲得緩起訴處分。

之後我在內勤待了一年半以上，上面卻沒有想調動我的感覺。

「我想在第一線採訪。」

我腦中湧現苦悶的心情，腦裡閃過了「跳槽」，正確來說應該是「換東家」一詞。後來聽說公司要把我調到整理部之前，管理層其實有不少擔心的聲音。

「能毫不在意露宿在包車的人，在內勤真的坐得住嗎？」

「不讓她去外面採訪的話，她會跑到其他公司去吧？」

正因為我在橫濱分部曾受到讀賣新聞的邀請，一度想要換東家，所以上司對我的性格瞭如指掌吧。但隨著時間經過，公司越來越不擔心我會離開，反而是我心中「轉調回第一線的事情無法實現」的想法益發強烈。

或許是我在社會部門司法線的採訪受到好評，當時日本電視、朝日新聞和TBS，甚至是讀賣新聞都再次邀請我過去。

經友人介紹，我有機會和在日本電視臺工作的清水潔記者碰面。清水記者在二〇〇一年換東家到日本電視臺，從他在新潮社的週刊《FO

CUS》大展身手時開始，我就對他抱持著敬畏之心。

特別是在一九九九年發生的「桶川跟蹤狂殺人事件」中，他比埼玉縣警早一步鎖定犯人，甚至揭露縣警吃案和怠慢的醜聞。當我看到他的調查報導時，不由自主地認為他是事件採訪記者中高高在上的存在。

他追求真相的手法和說服採訪對象的方式等，令我甘拜下風，完全無法模仿。更重要的是，他散發著不找出真相絕不罷休的強烈意志。但這位我所崇拜的清水記者，說了一句讓我感到意外的話。

就在同席的友人有事暫時離席的時候，他說：「妳繼續在東京新聞當記者比較好吧。」

他指出最大的理由，就是文字媒體和影像媒體的差異。他告訴我看報章雜誌會覺得有趣的內容，放到電視上不見得會有相同的感受，而且電視新聞的內容比較偏向淺而廣，不太會深挖一個主題。

不僅如此，我一直很擔心自己孤狼式的採訪風格，會對電視臺的報導水土不服。清水記者曾當過攝影師，也會拍攝影像。電視臺的新聞價值會因為有沒有拍攝到畫面而天差地遠。清水記者說如果我習慣了報社的風格，到那邊可能會很辛苦，建議我慎重考慮。

我覺得很過意不去，但還是回絕了電視臺的邀約。

父親第一次對跳槽表達意見

朝日新聞和讀賣新聞都對我有很高的評價，但他們告訴我，如果要中途僱用有經驗的社會人士，我很可能要先到分部工作重新確認實力。

我原本就對讀賣新聞抱有憧憬，和對我遞出邀請的那些人也很投緣，最重要的是他們有確實看到我的付出，這讓我很開心。我在心中幾乎決定要跳槽到讀賣新聞時，恰好和父親見面。或許是因為父親是非常資深的記者前輩，而我則希望他能在背後推我一把吧，我會從舞臺劇換跑道而走上記者這條路，最初的契機也是父親第一次跟我聊自己的前半生，講述了身為產業報紙記者的經驗談。

回過頭來，我人生的轉捩點總是會有父親的身影。我拜訪了父親的公司，兩人一起到居酒屋吃關東煮和喝啤酒，但父親的回應讓我感到非常意外。

「我什麼都不討厭，就是討厭讀賣。」父親看似難過地說。

這番話我是第一次聽到。父親會給我建議，但對女兒要做的事情幾乎不會出口干涉。

十幾歲就投身學生運動的父親，天天忙於安保鬥爭（註17），所以討厭權力組織。我原本對他的想法很反彈，但在大三的研究會中，我也對那裡感覺到一股不協調感，我才察覺我倆骨子裡其實很相似。

從那之後，我在父親身上感受到一股共鳴。我的人生活得如我所願，包含這點在內，讓我非常感謝我的父親，所以他反對我去讀賣新聞時讓我很訝異。

註17 反對《日美安保條約》簽訂的日本大規模示威、反政府及反美運動。

父親沒等到六十歲屆臨退休，就因為公司倒閉而失業。公司倒閉的理由是因為日本平成年間的景氣蕭條，使得廣告收入銳減。

失業後他立刻發現自己罹患了癌症。當時他因為吞嚥不順，也就是出現吞嚥障礙，所以接受了精密檢查。最後發現胃和食道之間有胃腺癌，而且已經進展到一定的程度。醫師要他定期接受癌症檢查，但父親不喜歡喝顯影劑，所以幾乎沒有定期檢查。也因為他受到進藤誠醫師著作的強烈影響，所以也未接受抗癌劑的治療。

他的身材隨著癌症進展逐漸消瘦，但因為沒用抗癌劑治療，所以沒有副作用，在他過世的半年前還能跑去參加在九州地區舉行的工會集會等。

發現罹癌後過了一年六個月，也就是二〇一〇年十二月二十五日，我的父親過世了，享年六十一歲。家人們都很悲傷，而父親這輩子都在向我們展現他堅定的背影，我認為他直到人生最後一刻，都活出了自己。

我從事盼望已久的新聞記者工作後，採訪事件的愉快完全讓我著了迷，但說句不好意思的，其實我對政治很不熟悉，對報社的社論或態度差異也不是特別敏感。

在我幾乎決定換東家時，父親說他什麼都不討厭，就是討厭讀賣。他們的報導態度是親政權的，所以父親一直和親近自民黨的讀賣新聞保持距離。我第一次聽到父親這不為人知的想法。

我想跳到讀賣新聞是在父親蒙主寵召的三年前。說是遺言可能有點浮誇，但由於父親不認同，所以我決定重新考慮。或許我有一點戀父情結吧。

最後我決定繼續待在東京新聞的整理部。

二〇〇七年夏天的參議院選舉後，我收到了公司的人事異動並前往埼玉分部。我應該要回社會部門跑司法線才對——我腦中閃過這個念頭，但能回第一線當記者的喜悅，消弭了我心中的疙瘩。

將焦點放在武器出口

我在埼玉分部度過約一年半的歲月，身心都感到很充實。

最重要的是當地警察的性格很接近千葉。千葉縣警曾酸我說「就算你們東京新聞報了，到底誰會看啊」，但埼玉則比千葉更重視「動身採訪寫稿」的記者。

在一次漫長的事件採訪中，我深刻感受到一件事情很重要——不能只靠第一時間的案件資訊，應該更廣泛深入地採訪。

我在埼玉採訪過虐童事件。對方是資產家，但因為母親疏忽照顧導致孩童死亡。據說孩童被發現時，人倒臥在糞尿旁。我感到非常難受，但採訪周遭鄰居後，我得知孩童的母親一直孤立無援。

之後的判決，被告的生母（孩童祖母）帶著另一半現身法庭。她穿著光鮮亮麗，給人俏麗、有魅力的感覺，而被告給人的印象則很樸素。

被告主張自己缺乏自信，幼年期因為母親時常不在家而感到孤獨，育兒的事情也沒人可以商量。虐待就是因為這樣而產生連鎖效應的嗎？被告受到的孤獨讓人無法簡單用「鬼母」一詞來歸類她，我也很心疼不得不面對這種情緒的孩童。

遇到難受的事件會讓我充滿感慨，內心會變得很疲憊，我常會在車內哭泣，無論是去程或回程。先不說其他新聞記者會不會哭，只要是人都會有流淚的時候吧。

在採訪很有成就感的埼玉，我身為記者的意識增加了，也讓我重新感受到第一線記者的喜悅。

二〇〇九年八月，我再次成為總公司社會部門的一員，同時迎來結婚這個人生重大的轉折點。我得償所望成為新聞記者後，要我說一個對我影響最大的人，腦中會第一時間浮現外子的名字。包含採訪方法、詢問採訪對象的方式在內，在所有面向上，我都覺得他很厲害。即便是現在，於公於私我都很尊敬他。

二〇一一年我生下了長女。當年三月十一日，日本發生了三一一大地震和東京電力福島第一核電廠事故，編輯部撤掉了政治部門或社會部門這類藩籬，全局上下一條心，全力進行震災及核電廠事故的報導。

我也想幫忙大家，但因為有孕在身幾乎動不了，再加上孕吐越來越嚴重，所以我從三月中旬進入為期約一年的育嬰假。

我回到工作崗位是在二〇一二年四月。原本預期自己會在社會部門負責東京都內版，但現實將我搖醒，我被分派到經濟部門，負責採訪經濟產業省，當時已有兩名年輕記者被分配到這個崗位。

但我已經和生小孩前不同，沒辦法早晚跑新聞，還常因為小孩發燒被叫到托兒所。在核電廠問題造成兵荒馬亂的當時，每天晚上七點是枝野幸男大臣的堵麥採訪，晚上九點會接著開核電廠汙染問題的學者專家會議，工作和育兒實在無法兼顧。

我在半夜會被小孩的哭聲吵醒好幾次，餵奶的關係讓我睡眠不足。那段期間我對無法成為戰力的自己感到焦躁。

在那樣的情況下，經濟部門的富田光部長對我說了一句話，改變了現狀：「不要拘泥在每天的採訪上，集中妳的主題，帶著強烈的問題意識深入挖掘如何？」

部長或許是同情採訪不順利的我，讓我只要專注在調查報導上就好。感覺部長的建議讓我看見一絲曙光。

連吃閉門羹

二〇一四年四月，我生完第二胎返回職場後，持續維持富田部長給我的建議。恰好同年四月一日，日本內閣會議決定廢除「武器出口三原則」，通過新的「防衛裝備轉移三原則」。

當時社會輿論集中在安倍政權身上，因為安倍政權想加快腳步修改日本憲法第九條，以允許行使集團自衛權，而憲法學者等專家都在大聲疾呼表達危機感，這時富田部長給了我一個暗示。

「這個『防衛裝備移轉三原則』也是很大的問題，可是沒什麼人在討論呢。」

一九六七年四月，佐藤榮作在國會接受質詢時首次表明「武器出口三原則」。日本在這個原則下，偶爾會對武器的出口或國際共同開發設置例外的規定，但對武器出口，基本上都維持慎重的態度。

反觀安倍政權制訂的「防衛裝備轉移三原則」則是實質解禁了武器的進出口。此行為明顯有別於日本至今的戰後態度——就連至今對政治和軍事不怎麼關心的我，在進入防衛省的記者俱樂部持續採訪後，都會感受到一股莫名的恐懼。

至今為止，和武器毫無關係，日本企業所發展的高度技術，今後可能會在世界的武器市場中擴散。日本這個國家的應有姿態，不也會大幅改變嗎？我被一股近乎急躁的心情驅使，希望世人能透過我的報導，盡可能理解現狀的嚴重性，這也是為了肩負未來的孩子們。

然而採訪的過程並不順利。

因為我時常針對這個問題寫報導，所以從三菱重工或川崎重工等大企業，甚至到中小企業或下游企業，防衛產業界之間似乎已經走馬相告，要大家注意東京新聞的望月記者，不要接受採訪。

就算我打電話過去，「上面有交代不要回答妳的問題。」電話也會被對方直接掛斷，親自上門採訪當然也是連吃閉門羹。

即便如此，也不是所有防衛產業的從業人員都對「防衛裝備移轉三原則」有共識。持續進行採訪後，他們開始跟我一樣感到懷疑或擔心，有些官僚、研究人員和企業相關人士甚至願意匿名接受採訪。

我細心收集這樣的聲音，一點一滴寫成了報導。防衛省的幹部開始對我抱持敵意，覺得我亂寫報導或不懂國防，甚至對我說教。我有好幾次都暴露在壓力下，但我沒有輕易屈服。

因為我從相關人士那裡也聽到了「這樣日本的機密會流到國外，這樣下去真的可以嗎？」或「其實我不想參與」之類的聲音。

第三章　當旁觀者就好嗎？

直接向編輯部長建議

一篇社會版的標題，先是讓我感到震驚。那是朝日新聞在二〇一七年二月九日早報的獨家調查報導。

「將大阪國有地出售給學校法人　價格未公開　售價僅周邊的一成？」

這是目前尚未解決的「森友問題（註18）」，首次見報的瞬間。

政府涉嫌將國民的財產，也就是大阪市豐中市內的國有地用不當的低價賣出，而購買土地的森友學園預計開設的私立小學，其名譽校長是由安倍晉三首相的妻子昭惠女士就任。

不出所料，這個騷動很快就在國會炸鍋了。

註18　本書成書時間為二〇一七年。

民進黨議員指出森友學園以「安倍晉三紀念小學」的名義募款，回覆質詢的安倍首相則表示不知道募款的事情，對於私立小學的成立許可和出售國有地則如此表明：「如果我和妻子有牽扯其中，我會辭去總理大臣和國會議員的職務。」

繼朝日新聞之後，讀賣新聞和每日新聞也開始連日報導森友問題。狀況可以說演變成「森友貪汙案」的狀態，但東京新聞的態度卻不是很積極。

事件的舞臺是西日本地區的大阪，而中日東京新聞主要是中部及近畿地區、關東地區等一都六縣的跨縣報紙，所以在體制上很難分出人手。也因為這層緣故，我們都是等共同通訊社（註19）發布相關新聞後才會拿過來刊載，當然版面也很小。

但是到了三月，這起事件已經到了無法忽視的地步。我下定決心，

註19 日本的大型通訊社，會發布新聞內容給予絕大部分的日本新聞報章雜誌與電臺、電視媒體等。

直接寄郵件給菅沼堅吾編輯部長：「森友問題可能會波及到安倍昭惠夫人或財務省，我覺得東京新聞也去採訪會比較好。」

我覺得土地的折售問題，可能會牽扯到中央省廳財務省。最重要的是，我本身喜歡採訪貪汙事件，想要更深入參與這個問題。

而菅沼編輯部長熟讀所有報紙，對事件或政治的動向有犀利的判斷，是負責在第一線指揮整個編輯部的猛將。

我寄出郵件的隔天，社會部門的部長打了電話過來。我至今除了武器出口外，同時還參加了「共謀罪」的採訪團隊，部長來電則指示我加入追查森友問題的團隊。

說是團隊，成員也只有十位左右，主要來自於政治部門，社會部門的只有我一個人。包含國會的議論在內，團隊要確實追查森友問題。能參與可能成為大騷動的案件，讓我久違地感受到興奮。

菅野完持有的收據

我和菅沼編輯部長有不算淺的緣分。

二〇〇四年，我在社會部門負責跑司法線，追蹤「日齒連事件」時，他是社會部門長。再往前回溯，我在橫濱分部時原本考慮轉到讀賣新聞，但在二〇〇三年八月，上面決定調我去社會部門後，我曾大膽要求「讓我採訪東京地檢特搜部經手的事件」，當時爽快點頭答應我的，也是菅沼編輯部長。

「東京新聞也應該不停追蹤報導森友問題」——菅野編輯部長收到我這一介小記者的郵件後，立刻召集各部門的部長，指示新的方針將這件事列為重點，這是我在事後聽說的。

後來他寄了一封感謝郵件給我。我很感謝編輯部內的環境公開透明，容易表達個人意見，菅沼編輯部長的機動力和快速判斷，也讓我再次感受到敬意。
但就算我想採訪森友問題，也不知道該如何下手。當局還沒有開始調查，每天早晚跑去採訪警察或檢察官，也沒有太大的意義。正當我想不到方法，橫川圭希記者給了我建議，他一直在採訪騷動的中心，森友學園。

「與其亂跑，不如查一下菅野。」

菅野是指至今與籠池泰典有深交的著作家・菅野完，他也是暢銷新書《日本會議的研究》的作者。

恰好三月十五日，正在建設中的「瑞穗之國紀念小學院」，其設立申請剛被撤銷，表明要辭去森友學園理事長的籠池，也突然取消原訂在東京都內舉行的記者會。

我前往菅野位於港區的大廈住所。

想當然耳，大廈的玄關前聚集了大批媒體記者。在那之前，代替籠池對應的菅野，拿出兩張印出來的照片：一張是國稅廳長官・迫田英典，另一張則是大阪府知事・松井一郎，並指名道姓說前者是「森友問題的始作俑者」，後者則是「曲解私學審議會的人」。

迫田長官是財務省理財局長，在他任內，國有地由原本的鑑定價格九億五千六百萬日圓，扣除高達八億兩千萬日圓的廢棄物撤除費用後，以一億三千四百萬日圓賣給了森友學園。

過了一晚，籠池表示安倍首相透過昭惠夫人，捐款了一百萬日圓給森友學園。我覺得採訪團隊有必要徹底鎖定菅野，所以前往他所居住的大廈。他的推特簡介不只寫有地址，連手機都公開，所以很容易就能接觸他。

菅野曾經說明過公開個人資料的理由：「我只要把自己的住址等資料全部公開，這樣就能阻止有心人士透過網路騷擾我的家人。」

他在推特公開後，實際上對其家人的毀謗和中傷也頓時消失了。有小孩的我實在無法模仿這種方法，也讓我不禁覺得這樣的行為很有勇氣。

根據籠池的說法，他在九月五日收到昭惠夫人裝有現金一百萬日圓的信封。夫人說這是來自丈夫的捐款，因為當天是週六，所以等到週一，籠池才在郵局匯款到森友學園的帳戶。而菅野手上有當時森友學園開立的收據，他讓我看了實際的東西。

這如果是真的——我感受到衝擊與興奮，並拿了相機近距離拍攝收據，回傳到編輯部。

母親有異狀

我先回公司一趟又再次前往菅野的家。原本只有我一個人的，結果記者人數一口氣增加。報紙和電視臺的記者都聽到收據的事情並殺到現場。在那之後，菅野安排森友學園新上任的理事長籠池町浪（籠池泰典的長女）召開記者會。

包含電視臺的工作人員在內，最終參加人數應該有四十人吧。

菅野說會把採訪狀況用 TwitCasting 進行直播。對早晚跑現場採訪的我來說，看到這種全新的採訪方法不禁感到驚訝。我興奮地低聲說：「這下官邸要炸鍋了」，結果這句話也被直播中的 TwitCasting 流了出去。

町浪理事長的採訪結束時間是在晚上十一點過後。

覺得採訪時間可能會很長的我，當天下午先打了通電話給老家的母親，請她幫忙接小孩和照顧。電話一頭，母親用很虛弱的聲音說「身體有點不太舒服」，但我因為要在菅野家採訪，暫時無法離開。

「抱歉，實在很不好意思，今天真的要麻煩妳。」

當天我半夜回家，馬上就睡著了。隔天早上我醒來，看到跟孩子們睡在一起的母親——此刻我依然忘不了那股震撼，因為母親變得非常消瘦。

隔著襯衫也能感受到她的鎖骨和肋骨浮現，眼睛四周也凹陷了下去。母親的身型本來就比我嬌小，但是體重還有三十八公斤左右。驚訝的我叫醒了母親，請她量一下體重。

我不祥的預感靈驗了，她只剩三十二公斤。

去年失去愛犬的母親，陷入了喪失寵物症候群。我原本以為她是因為這樣才無精打采，但現在連外行人都看得出來有異狀——必須馬上帶她去醫院，但是那天是週六，我在大阪有個演講，預計要在那裡外宿一晚，實在無法當天取消，於是我打了通電話給哥哥。

「媽媽感覺很糟糕，你馬上陪她去一趟醫院。」

到了傍晚，哥哥打了電話過來，母親跟我說：「醫生說胰臟的部分有陰影，我決定明天再去其他醫院看一次。」

那個瞬間，我直覺領悟到是胰臟癌。我沒有任何情緒，只覺得難以置信，毫無情緒的湧現。我想起母親消瘦的身影，腦中某處已經理解到，病情可能已經進展到某種程度了。

隔天，我聯絡編輯主任和部長說明了狀況。我讓母親入住自家附近的醫院，在時間允許下盡可能陪在她身邊，有空就用至今採訪累積的資訊寫報導。我暫時改成這種也能說是任性的工作形態，而公司也很爽快地允許了我的要求。

「謝謝你們，謝謝」

母親的身體出了狀況。我感到很急躁，希望能為她做點什麼，但事發突然，也不知道該怎麼辦才好。我想起友報的一位前輩女記者，她也有母親因胰臟癌過世的悲傷經歷。她回顧說，從發現之後不到兩個月，她的母親就過世了。

「狀況每天都會惡化，所以妳最好盡量陪在她身邊。」

精密檢查的結果，主治醫師說癌細胞已經轉移，幾乎到無法處置的狀態。病狀惡化到連治療也沒辦法了。回顧過去，一月底我就收到母親的聯絡，說她的肌膚突然變得很差。

一年前也有過相同的症狀，但當時嘗試了時下流行的酵素輕斷食後，一個星期就恢復了原狀。

「妳不要緊吧？去一趟醫院會不會比較好？」

母親不顧我的擔心，在電話那一頭對我說，她這次要採取無酵素的斷食法。主治醫師說恐怕是斷食造成無法攝取營養，導致原本就存在的癌細胞開始作亂，出現腹膜播種後轉移到整個腹部。

母親住院後狀態更加惡化了。醫師宣告她只剩一點時間，不知道能否撐到黃金週。發現癌症後可能撐不到一個月……幾乎陪伴在母親身旁的我，感覺到她所剩的時間可能更短。

或許是不想讓我以外的人看到自己逐漸衰弱的樣，「可以的話我不希望見面。」母親不只對外子這麼說，連對外子的母親也是一樣。

母親的哥哥說，今年過完年還帶了她去京都旅行，到處享受美食。為何我們沒有及早發現——母親的兄弟和所有親人都感到懊悔。

某天，午睡醒來的母親說她做了一個夢。小孩長大成人後，母親一直在學習氣功。學了十幾年後，有位師父級的人物答應收她為徒，但母親沒自信能練到顛峰境界，所以拒絕了對方。在那之後，她和一起學氣功、國中時代的摯友逐漸疏遠了。

母親說那位師父出現在她的夢裡。我想母親大概是因為拒絕拜入門下與摯友的事情感到後悔，於是我透過關係找到那名摯友，設法和對方取得聯絡並告知母親的病情，對方馬上就趕了過來。

「我一直、一直很想見你……」

除了孩子以外不想見任何人的母親，流下了大顆的眼淚。

「那件事我完全不在意啊。謝謝妳找我過來，能夠見面真的太好了。」

那位朋友也對重逢感到喜悅。

事後整理遺物時，我看到一封信件被妥善保管在衣櫃深處，就是氣功師父認可母親為弟子的通知信。我沒有聽說母親不再練氣功的詳細原因，但我感覺她一直很在意這件事。

我這也算是稍微盡了一點孝道吧。睽違十幾年與摯友重逢後，母親堆積在心裡的疙瘩看似逐漸消失了。

正如我做好的心理準備一樣，我和母親的永別是在四月十九日的早上。

最初到醫院檢查，發現胰臟有陰影後，在即將滿一個月的前一天晚上，我照顧完母親回家後，手機突然震動了。是哥哥打電話來，說母親的呼吸逐漸進入危險狀態。

我把孩子們託付給負責地區育兒「家庭援助」制度的船戶志津子小姐，並急忙趕往醫院。當時是深夜，船戶小姐還是趕來了我家。

在哥哥、我和弟弟夫婦共四人的守護下，母親的手腳逐漸變冰冷。等到天亮，我們聯絡母親住在千葉縣的哥哥。

母親有三個哥哥，據說大哥是最疼她的。

「我知道了，我馬上去。」

大舅開車過來的期間，母親的狀況越來越危險了。我清楚大舅正在開車，但還是急忙聯絡了他：「我媽看起來快走了，大舅你最後再跟她說幾句話吧。」

放到母親耳邊的智慧型手機一頭，傳來大舅的大喊：「妳很努力把三個小孩養大了，一路走來真的很感謝妳。」

那個瞬間，母親的身體稍微抽動了一下。我想她在快要沒氣的過程中，還是清楚聽到了大舅的聲音。下一個瞬間，母親的雙眼再次恢復力量，看著圍繞在病床旁的我們說：「謝謝你們，謝謝。」

早上七點左右，微微開口說出的這句話，成為母親最後的話語。

成為新聞記者的理由

母親相信肉體消滅了，靈魂還是會存在。

對於只要是人就一定會遇到的死亡，她在住院後也一直表示「老實說，死亡真的不可怕」、「不管怎麼做，我肚子的狀況都不會恢復。」，從未展現出自卑或哭泣等情感。

母親總是很體貼我，常說「衣塑子謝謝妳」或「妳不要勉強，小孩子優先，我的事情之後再做就好」。原本應該是我來鼓勵她，卻反倒被她激勵了。我感受到母親正視死亡、不畏懼的覺悟。

母親帶著溫和的表情，結束了六十八年的人生。

不過，或許是一個人待在病房會寂寞吧。

「只要衣塑子陪在我身邊，我就覺得很放心。」

聽到母親說出這句話時，我就會拚命忍住眼淚，不讓自己哭泣。

如果母親沒有在我國中二年級時，推薦吉田瑠衣子的著作《南非種族隔離共和國》給我，我肯定不會從事報導的工作。而再更往前一點，我在小學迷上舞臺劇，一度想要成為舞臺劇演員，也是因為受到母親的影響。

宏亮的聲音、被人盯著看也不會膽怯的膽量，以及容易有同理心的性格。我透過舞臺劇學到的東西，在我立志踏上新聞記者的道路後也依舊扶持著我。

我才想說「謝謝妳」——我帶著這種心情陪伴在母親身旁一個月。期間我們聊了很多，連我自己也得到了療癒。

「我絕對不要因為自己需要照護而給孩子添麻煩。如果我需要被照護的話，我會把房子賣了去住安寧設施。」

母親常把這句話掛在嘴邊。而真的一轉眼就過世，也很像她的風格。如果一直悲傷下去，會讓守護在我身旁的母親感到困擾。更重要的是工作還在等我。母親過世後，我休息了一個星期，再度把心情切換成新聞記者模式。

森友問題在母親入院前就已經引發軒然大波，在我離開這段時間又有更大的波濤即將到來。

朝日新聞獨家：「政府的意圖」

從開始追查森友問題的三月開始，就一直在流傳一件事。

「愛媛縣有第二個森友問題。」

民進黨的有田芳生參議院議員的推特，以及週刊雜誌《ＡＲＥＡ》

等各家雜誌都有報導，甚至在國會上，這件事也開始成為質詢的焦點。但我當時光是採訪森友問題就已經忙得不可開交，這件事是由擅長做調查報導的社會部門記者．中澤誠負責。

到了五月十七日，朝日新聞早報的獨家頭條，使狀況為之一變。就在安倍政權打算強行通過「共謀罪」法案，在野黨群起反對的那個時間點——

「加計學園的新學院是『總理的要求』」 在文科省發現紀錄」

報導內容指出位於岡山市的學校法人「加計學園」，其理事長是由安倍首相的朋友任職。該學園計畫在國家戰略特區成立新的獸醫學院，文部科學省（註20）留下八張內部文件，記錄了負責特區業務的內閣府，從去年秋天開始提出的各種要求。

這則報導伴隨了無法估計的巨大衝擊，特別是內閣府說出的內容，

註20 簡稱文科省，負責統籌日本的教育、科學、學術、文化與體育事務。

「前川前次官於文科省在職期間　平日夜晚經常出沒交友酒吧」

讀賣新聞五月二十二日的早報社會版，用橫寫兩大段的大標題，報導了這篇獨家頭條。我看到報紙的瞬間不由得懷疑自己的雙眼，還以為前川喜平前事務次官犯了什麼罪。

閱讀報導內容後，我在另一個層面又懷疑起自己的雙眼。報導說交友酒吧是賣春行為，打算將前田和醜聞連結在一起，卻又沒有提出確切的證據。

前面提過，我從剛進公司被分配到千葉分部時開始，就對縝密進行報導的讀賣新聞抱持尊敬的心態。能得到他們兩次招攬，也讓我非常開心。讀賣的記者也很乾脆、沒架子，讓我對他們抱有好感。

但這樣的讀賣新聞……居然針對既沒犯法，目前也非公職的前川，大肆報導他的私人行為，我實在無法理解這麼做的意義。

況且，我聽說最近的讀賣新聞對調查報導設的門檻很高，不會寫、也不能寫質疑類型的報導，除非背後牽扯到事件。即便是批評在野黨議員的報導，他們也會成立公平報導委員會，檢查是否適合刊登。

我猜想，可能是官邸認為那份引發問題的內部資料是出自前田，所以想藉由讀賣新聞將其社會性抹殺，以降低社會大眾對內部資料的信任度。這樣一想，就能合理解釋為何讀賣會寫出有失水準的內容。

但雙方都否定這一點，所以這只是我個人的推測……

無法理解「貧困調查」

在讀賣新聞的「交友酒吧」報導後，週刊文春和朝日新聞刊載了前川的訪談。

同一天，前川在霞關的律師會館舉行記者會。在沒有空調的狹窄室內，不知為何擠進了一百名以上的平面及電視攝影師，成為一場包含前田在內，所有人都溼身的記者會。

前事務次官前所未有的揭露，讓現場充滿了熱情和興奮。

這場記者會稀奇的地方是，地點直到預定開始時間的三十分鐘前才對外公開。我至今參加過許多記者會，但在我記憶之中，這種狀況還是第一次遇到。前川鼓起勇氣參加揭弊記者會，這麼做是為了避免他有個萬一——我這樣會想太多嗎？

前川擦拭汗水，一絲不苟地回答問題。

「那份文件的確是在我在職期間內，有人製作和分享給我的。文科省的幹部都有拿到那份文件，我也有收到。這一點仔細調查應該查得到，我沒辦法把發生過的事情當作沒發生。」

「獸醫學院的法規鬆綁，是在無充分根據的狀況下，把紅燈說成是綠燈一樣。還把能說明其原委的文件當作不存在，這就像是把白的說成黑的一樣。」

「我覺得有部分的原因是因為文部科學省無法違背官邸、內閣官房或內閣府等等政權中樞的意向或要求。我希望文部科學省能貫徹公正公平，認真做好工作。」

記者會的尾聲，問題集中在讀賣新聞報導的交友酒吧上。而前川回答的理由是：「那是為了調查貧困的實際樣貌。」

這個回應讓我覺得「這也太牽強了」。他真的是值得信賴的人嗎？

這讓我越來越想見本人一面當面確認。

區分事實與推測的一絲不苟

過了不久，我拜託文部科學省的前官員・寺協研，同時也是京都造形藝術大學教授牽線，成功訪問到了前川。

採訪是在東京都內。為了避人耳目，我們碰面的會場不從玄關進入，必須從另一條路徑才能抵達建築物，前川為我空下三個小時半的時間。

我是以東京新聞的身分去採訪，機動記者的組長給了我這樣的指示：「不要問一些無關痛癢的小事，直接切主題。」

他要我直接問出入交友酒吧的事情，但我沒有乖乖聽話。正如前述，因為我對那則新聞無法照單全收，讓我不禁懷疑，這個人是否值得信賴？如果我覺得有問題，不管前川會怎麼想，我身為記者就必須進行批判，而採訪很可能途中就會告吹。

我抱著這樣的想法，單刀直入問了幾個問題，前川則是真誠且冷靜，將親身經歷的事實與推測出的意見確實做了區分，並且邏輯清晰地回答了我的問題。

在訪問的開頭，前川毫不在意地笑著說，用「視察調查」來表達出入交友酒吧，其實有點誇大其詞了。

「我應該要說是探險。」

前川說他在交友酒吧遇到的女性，有不少人高中沒有畢業，幾乎都是因為無法取得數學的學分而受挫，為了生活才會出入交友酒吧賺錢。

「日本高中教育的數學可能太難了。」

前川曾在文部科學省主張，或許能視情況將數學從高中的畢業條件中移除，但沒有人搭理他。前川也承認，現狀是中輟的小學生或國中生會去上自由學校等民間教育設施，他也認為應該透過協助學校以外的學習管道，促使小學生或國中生自立。

從採訪中可以感受到，前川身為文部科學省的事務領袖，同時也是一名撤銷管制論者，在組織內反而是讓人敬而遠之的存在。據說就是因為有這樣的想法，他在辭職後才會從事志工活動。

「教育行政是輔助角色。最重要的第一線是老師和學生所在的學習場所。我一直很羨慕第一線的老師，所以我才會想在第一線協助這些真的為了學習在努力的人。」

在自主夜間中學（由市民自己設立的志工型夜間中學）看到銀髮族學會讀漢字的開心模樣，前川也感覺自己的胸口一陣炙熱。採訪的最後一小時，我們還聊到未來的主人公——孩童的教育話題，前川提到他正在寫一本書，內容會點出夜間中學相關的問題。

與和泉輔佐官之間不算淺的緣分

在採訪前川時，讓我感到特別驚訝的是讀賣新聞刊載交友酒吧一事的原委。照前川所說，在報導被刊登的兩天前，讀賣新聞一名負責採訪文部科學省的女記者突然發了一封簡訊給他，卻不是打電話。

簡訊寫了這麼一串內容：「我想請問關於您出入交友酒吧的事情。這件事明天可能會上報。」

前川和那名女記者一直沒交情，而且對方還是傳簡訊約訪，實在是很失禮。理所當然地，前川就無視她了，結果隔天，同一名女記者又發了簡訊過來。而且第二次的簡訊還分成好幾則，內容是詳細的訪綱。內容還提到新宿歌舞伎町的具體店名和女性的真實姓名，同時附上「您有去過這種店嗎」或「有見過○○嗎」，最後以這句話收尾：「明天可能會上報。」

前川再次無視她後，這次換文部科學省初等中等教育局長，同時也是後輩的藤原誠傳了訊息過來。照前川所說，上頭寫了一個讓人感到意外的人名。

「若和泉輔佐官說『想見你』，你有打算見嗎？」

記者接連兩天傳簡訊，詢問出入交友酒吧的事情，他沒去理會後，卻冒出內閣總理大臣輔佐官・和泉洋人的名字。這位是在安倍政權第二次成立後，在內閣中擔任要職的人物。

「請讓我思考一下。」如此回覆簡訊的前川，最後決定靜觀其變。

結果隔天在讀賣新聞就出現大篇幅的報導。

前面提到的和泉總理大臣輔佐官是哪號人物呢？

其實我在採訪時也很常聽見和泉輔佐官的名字。我在經濟部門多次調查武器出口的相關議題時，也曾聽聞和泉輔佐官邀請了經濟產業省、財務省的幹部到官邸的辦公室，配合一兆日圓事業的新幹線等，做出各種具體的指示。

他歷經國土交通省住宅局長、負責國家戰略的內閣官房顧問後，長期任職內閣總理大臣輔佐官，也是大家口中，安倍首相和菅官房長官的「心腹」與「影子總理」，是政權不可或缺的支柱。

前川與和泉輔佐官曾碰過面。和泉在去年九月上旬請他到官邸，要求盡早對應新設獸醫學院的事情。今年七月舉行的眾議院預算委員會休會中審查上，和泉輔佐官全面否認，但前川證實，當時自己曾說過這麼一句話：「總理沒辦法親口說這些，所以我代替他說。」

前川沒有回應區區的報紙採訪，於是理當待在舞臺背後的政權關鍵人物便試圖接觸他。可推測其意圖應該是為了威脅前川。

「應該是要我聽他們的，這樣他們就會幫我把負面報導壓下來吧。」

教育基本法的修法與安倍晉三紀念小學

前川毫不避諱地明言自己的座右銘是「陽奉陰違」，正因如此，他回憶自己對安倍政權有壓抑不住的不協調感和疑問。其開端可回溯到安倍政權第一次全面修改教育基本法後，公布和施行的二〇〇六年十二月二十二日。

戰後不久（一九四七年）公布和施行的舊法被稱為「教育憲法」，為了實現日本國憲法所宣誓的理想，教育的力量不可或缺，因此兩者有很強烈連結。而安倍政權斡旋修正的現行基本教育法中，於導言將舊法未規定的道德教育尊稱為「公共精神」，而舊法未觸及的愛國心教育，也在第二條訂立教育目標。

「尊重傳統與文化，敬愛著孕育傳統與文化的我國與鄉土，同時尊重他國，培養能為國際社會的和平與發展帶來貢獻的心態。」

內容明確表明了要進行道德教育和培養愛國心，這不禁讓人擔心可能喚起狹隘的國家主義。安倍首相在第一次執政就提到要修憲，現在這麼做無疑是在改變國家未來主人公的教育方針，為修憲鋪路。前川對這點抱持著很大的不協調感和疑問，同時參與了教育行政的工作。

「舊法的導言其實很棒，即便是二十一世紀的現在也十分通用。」

前川突然背誦了起來。

〈我等優先確定日本國憲法，以宣示建設民主文明的國家，並為全球的和平與人類福祉帶來貢獻的決心。要實現此理想，根本應仰賴教育的力量。

我等尊重個人，期許培育渴望真理與和平之人，同時徹底普及教育，並以創造普遍且性格多元的文化為目標。在此，依日本國憲法之精神明示教育目的，並制訂本法律以奠立新日本的教育基本方針。〉

訪談的後半，前川述說了種種對教育的熱忱，他背誦導言的舉動讓我感到驚訝，但我能清楚感受到，他對目前的教育現況感到羞愧。

同時我心中的各種問題，在腦中逐漸連結了起來。

例如森友學園的籠池泰典前理事長，當初為何會欽佩安倍首相，還曾一度意圖將建設好的小學命名為「安倍晉三紀念小學」。據親近籠池的著作家‧菅野完所說，籠池這麼做的契機是在二〇〇六年十二月的教育基本法修法後。

是因為道德教育和愛國心的部分，讓新版的教育基本法與教育敕語（註22）跨越時空連結在一起了嗎？塚本幼稚園會讓孩童背誦教育敕語，讓外界覺得這對經營者夫婦很奇怪，現在狀況則為之一變。據說他們到市公所時，周圍看待他們的目光和氣氛也不同了，這讓籠池感到很開心。

我自己也一樣，在經濟部門時期，每當我針對第二次安倍政權解除武器出口一事進行採訪時，心中的危機感便不斷加深，覺得有人正在改

註22 由明治天皇頒布的教育文件，內容要求學生必須培養自身的道德與修養。一九四六年後不再為正式教育體系所使用，但提倡道德教育的內容仍被保留於日本的《教育基本法》中。

變日本在戰後持續守護的民主主義。我心中一直有疑問湧現，為了把當代和平交付到未來的主人公手上，日本這個國家真的能照現狀繼續往前走嗎？

這些內容逐漸有密切關聯。隨著採訪的時間經過，我對前川抱持的想法產生了共鳴。有個東西開始在我心中熊熊燃燒。到了這個階段，就是我的主場了。

我們共享了深刻的危機感與熱誠，而一旦要寫成文字時，我又變得沉著冷靜。隔天早報的頭版，刊載了以訪談內容為核心的資料，隔一天的早報也大篇幅刊載了主要的一問一答內容。

「特別的恩惠很奇怪／被拜託就說好是問題」

「毫無判斷就直奔結論／公務員成為部分掌權者的僕人／私人行動被掌控令人恐懼」

報導下了這樣的副標，最後則用前川的這句話來總結：「有些看法似乎認為我這麼做背後有政治上的考量，但我想告訴大家，我不過是唐吉軻德罷了。」

只能親自出馬

我想要更進一步回應前川的想法——如此思考的我，開始關注文部科學大臣・松野博一的記者會。

但是松野大臣的記者會幾乎沒有釐清真相，光憑他一人根本無法做任何決定，包含重新調查是否有內部資料存在一事。反覆採訪後，我開始覺得關鍵人物可能不是松野大臣。或許前川知道松野大臣的立場很微妙，所以沒有嚴厲抨擊他，反而是同理他的心境就像官邸的夾心餅乾。

加計問題背後有官邸的人在幕後操作，這點已經很明顯。既然這樣，我該攻略誰才好呢？答案是管理內閣官房的菅義偉長官。菅長官週一到週五都會開例行記者會，每天會對應媒體的人只有他一個。

我到首相官邸的網頁，看了幾個菅官房長官的例行記者會影片。

「咦，這樣就結束了嗎？」

我不禁失望。在記者不斷追問的狀況下，只見菅長官表情一絲不變地回答說「不是你所說的那樣」或「這是沒問題的」，而記者也不會反覆詢問，有好幾次就直接進到下一個主題。

「為什麼沒人繼續追問菅長官啊？」

一位參加過好幾次例行記者會的友報記者告訴我，記者會通常會在安靜的提問和回答後，大約十分鐘就結束。

「這樣我親自出席會不會更好？」

這個心情曾幾何時益發強烈，我只要一變成這樣就不會停手，也沒人可以阻止我。我要用自己的意志打開那扇門。

「我是東京新聞的望月。」

「我從明天開始可以去嗎？」

我告訴政治部門長，自己想出席菅官房長官的例行記者會。

「可以啊。不過妳可以先跟官邸組長講一聲嗎？」

我在第二章已經提過記者俱樂部，其中負責採訪官房長官的是「內閣記者會」。裡頭主要是政治部門的記者，而負責統籌和管理記者的記者，便稱為「官邸組長」。

官邸組長很爽快就同意了。「對方居然會答應妳。」友報記者和身處大型公司，採縱向組織結構的朋友們，聽到這件事都會感到訝異。但這在東京新聞並不是什麼稀奇的事。

東京新聞不同於大型報社，不見得每一個政府省廳都有既定負責人。人手不足時上面會臨機應變，調度人力進行採訪。我們家的第一線記者本來就比大報少，或許是這樣才容易跨越部門之間的藩籬吧？我很慶幸自己能在自由的氣氛下工作。

話雖如此，可能連政治部門長都以為我只是去小小發問一下，應該沒想到後續事情會鬧得這麼大吧。

菅官房長官的例行記者會原則上一天會舉行兩次，分別是上午十一點和下午四點，地點在內閣總理大臣的辦公處，位於千代田區永田町的首相官邸。官邸是地上五樓，地下一樓的鋼筋水泥建築，記者會室在一樓。

菅官房長官上臺時，背景會用淺藍色的布簾；如果是安倍首相，則會使用酒紅色或深藍色。

六月六日早上十一點前，我第一次踏進記者會場。其實我這天原本只打算看看，但記者會開始後，我便壓抑不住想發問的心情。

「我是東京新聞的望月。」我用舞臺劇鍛鍊過的大嗓門，拉高了音量說。因為前陣子才剛採訪完前川，所以我的問題都集中在前川身上，「杉田副長官常常會對前川等事務次官級別的人，進行身家調查或確認其行動嗎？」

「我不清楚。」

我不斷發問，第一天就被男司儀提醒，請我發問「簡潔一點」。我覺得應該先說明狀況再發問，但對方似乎認為太冗長了。不過我沒有湧現膽怯或自制的心情，而是集中精神在和菅長官對話。

會場內的「氣氛」我根本不在乎，或者說我沒注意到，應該比較貼切。

「長官您實際去一趟那種酒吧看看如何呢？這樣可以知道背後實際的情況，而且現在正在討論教育無償化，應該有必要去看看是否實用吧？」

突然被出席記者會的陌生記者提問，菅官房長官應該也很訝異吧。

「有人提到出入酒吧的事情，但前田並非出入坊間認為可能會成為賣春或援交溫床的那種店家。因為貧困問題非常重要，所以應該用各種方法去了解狀況吧。」

我原本只是打算去看看，結果光我一人發問就用掉了十分鐘以上。剛開始我很緊張，但習慣之後，心裡覺得「必須多問一點」的情緒便逐漸高漲。後來，我從首相官邸直接前往東京都內，對安倍官邸的義憤填膺，也成為了我後續採訪的動力。

第四章　自己能做什麼？

壓抑不住的念頭

我覺得自己算容易入睡，但生小孩之後，我的生活節奏有了劇烈的改變。

我早上七點起床，等孩子們用完早餐再帶到托兒所，然後九點開始工作。傍晚接他們回家，一起洗澡和吃晚餐，哄他們上床睡覺後繼續工作幾小時，然後大約凌晨一點就寢。

跟過去常常夜訪晨訪相比，我一天的週期大幅改變。每當我久違地遇到以前的採訪對象，對方都會說「妳氣色變得很好呢」。

但如此規律的生活，唯獨那天晚上有點不同。

就算我閉上眼睛想睡覺，腦中依舊有各種思緒讓我的意識非常清醒。或許我比較容易產生同理心的個性也幫了一點忙吧，當天採訪對我造成的衝擊就是如此之大。

同樣身為女性，身為一個人類，我湧現一股無法壓抑的意念，如同不停積累的岩漿無法抑制，不知不覺間天就亮了。

不屬於內閣記者會，更不隸屬政治部門的我，踏入永田町的首相官邸，出席菅義偉內閣官房長官的例行記者會已經過了半天以上。我身為新聞記者，初次感受到記者會室的獨特氣氛，也變得有點緊張，但還是反覆問了幾個問題。

但菅官房長官的冷淡且不客氣的反應……那種冷若冰霜的態度，並非我睡不著的理由。我在參加完官邸的例行記者會後，下午一點過後進行了一場約三小時的長時間訪談，採訪對象是自由記者・伊藤詩織小姐。

訪談八天前，詩織小姐表示自己受到性暴力對待。不同於其他受害人，她公開了自己的長相與姓名並召開記者會，控訴對象是山口敬之。對方曾在TBS長期擔任政治部門記者，還經歷過華盛頓分部長等職務，後來離開TBS並轉為自由記者。

「我在兩年前曾經被強暴。那時候我深切感受到自己身處的社會與法律環境，對性犯罪的被害人來說多麼不利。這次我決定站出來說話，是因為我有強烈的決心，希望能多少改變這樣的狀況。」

那場記者會我沒有參加。但光是看到詩織小姐在新聞報導中含淚的表情，聽見她顫抖的聲音，我就能感受到她的遺憾、悔恨與決心。

根據記者會和對相關人員的採訪，詩織小姐在二〇一五年四月三日，在東京都與山口敬之聚餐，之後於失憶的狀態下在飯店受到暴行（如後述，山口在自身的臉書上否認這項指控）。

詩織小姐隨後報警找警方商量，警視廳於四月底以準強姦罪（註23）受理詩織小姐的報案。同年六月，警視廳的偵查員拿到了山口敬之的拘票，在成田機場等待從美國回來的山口，但在逮捕的前一刻，因為上級指示而取消行動。

之後山口被函送法辦，但隔年二〇一六年七月，東京地檢因證據不

註23 日本在二〇一七年修法將準強姦罪更名為準強制性交等罪。

足而不起訴。針對這項決定，詩織小姐在二〇一七年五月，向檢察審查會聲請審查。

詩織小姐仔細說明了自己當時的狀況與心情，還向出席的記者借了事前發給他們的六張A4筆記，當場唸了出來。是否屬實必須另行確認，但卻讓我湧現一股無法言喻的情感。

然而，東京新聞社會部門，在記者會當天的反應卻非常遲鈍。

男性特有的理解？

隔天早報的社會版，下方版位刊登了一個小標題和三段報導。內容平凡無奇。這樣明顯不夠顯眼，也無法傳達詩織小姐下定決心出席記者會的悲壯心情。我按捺不住情緒，向機動記者的組長表達想法。

「為什麼只做這種一般報導？」

「首先，這件事曾經不起訴過，而且有很多人也遇過同樣的狀況，為什麼只報導她呢？這也是一個問題。」

一位二十八歲的女性拿出了她所有的勇氣，身為一個報導者應該要回應她，不是嗎？但不知為何，總是充滿熱情的前輩記者也猶豫不決，我還感受到一種男性對男性的惺惺相惜，這讓我坐立難安。

針對詩織小姐主張自己被對方迷姦一事，其他報社的男性編輯提出了疑問。

「為什麼她沒有立刻去醫院做檢查？」

恰好那時《週刊新潮》刊登了警視廳刑事部長（現職的警視廳總括審議官）中村格的評論，內容會讓人懷疑自己是否看錯了什麼。下令暫緩逮捕山口的人就是中村。

之後面對東京新聞的採訪，他承認正是出自他的判斷。

「報導的事情別當真比較好。」、「為什麼兩年前的事情現在才跑出來，這很不自然吧。」、「最近山口先生常常上電視，這也是女方出來揭露的原因之一吧。」

這彷彿在說詩織小姐這麼做是沽名釣譽。網路上有人開口聲援，但也有人批評詩織小姐穿著胸口微開的襯衫出席記者會。當我看到有人懷疑這是仙人跳時，著實讓我傻眼到說不出話來。

與公司內的幫手一起

過了一段時間後的六月一日當天，東京新聞「這裡是特報部」的專題版面，報導了詩織小姐的事件。負責人是編輯主任・伊藤圭，內容大幅刊載詩織小姐的記者會詳情和有識之士的意見，之後獲得了許多讀者的迴響。

附帶一提，特報部這個頁面的概念是獨自調查和採訪，不仰賴記者俱樂部制度，所以這個版面是東京新聞的亮點之一，據說也是最多人閱讀的版面。

佐藤圭不畏權勢，曾經採訪過朝鮮學校的教育費無償化，以及仇恨言論問題等話題。他會讓年輕記者自行採訪撰寫，有時也會親自執筆，在東京新聞中，算是最有骨氣的前輩之一。

我一邊讀佐藤編輯主任製作的專題，同時心想，這起事件不應該只專注在詩織小姐身上，應該要徹底追查為何拘票會在執行的前一刻喊卡，以及搜查是否有確實進行。

為了說服公司內部，我只能直接採訪本人。於是，我從同事那裡問到詩織小姐的聯絡方式，決定打電話給她。

「喂……」電話響了一段時間後，詩織小姐用不安的聲音接起了電話。

「我是東京新聞的記者望月，有些事情想向您請教，所以打了這通電話過來。」為了避免對方掛掉電話，我一口氣介紹完自己。當我詢問是否能採訪後，詩織小姐便爽快答應了。

我希望她能放輕鬆接受我的採訪，所以預約了日本料理餐廳的包廂。

原本我想獨自採訪，但覺得公司內應該也要有一些幫手，所以我問了兩位女性記者。一位是關心性犯罪的柏崎智子記者。另一位負責文科省報導，現在是版面「TOKYO發」的編輯主任・小林由比。她們兩位也對報導方式有疑問，於是欣然接受了我的提案。

現身的詩織小姐如同電視上看到的一樣，是一名五官秀麗的美人。記者會後很多人知道她的長相，所以她戴著太陽眼鏡赴約。或許是一直有人採訪她，我感覺她有些疲倦。

與她同行的人還有律師和摯友B。B是詩織小姐人在紐約時就認識的朋友，山口約詩織小姐見面的那天，這位朋友覺得未來可能會有工作機會，便促成詩織小姐前去赴約。直到現在，這件事都讓B很後悔，所以有人找詩織小姐問話或調查時，B都會盡可能同行協助她。

柏崎記者率先開口發問：「我們先介紹一下自身的經歷和問題想法。」

為了讓詩織小姐等人方便說話，她介紹了自己迄今在採訪的待機兒童（沒有申請到幼兒園的兒童）問題，或性犯罪的加重處罰。我和小林記者也介紹了自己，然後慢慢向詩織小姐發問。

跟記者會一樣，詩織小姐用毅然決然的表情和語氣，確實回答我們提出的每一個問題。有時她會語塞並浮現痛苦的表情，律師和B會溫柔地幫助她。

據說詩織小姐接受了許多採訪，必須一直回想厭惡的事物，甚至會有情景再現（註24）的狀況。我有留意不要讓她重現過於寫實的場景，但身為事件記者的習慣，有時問話方式會想掌握證據，這是我要反省的地方。

仔細想想，這是我第一次直接訪問主張受到性侵害的人。而平常就在採訪性犯罪被害人的柏崎記者則不一樣，問話時會顧慮詩織小姐的感受。

山口在二〇一六年六月出版了書籍《總理》後，在二〇一七年一月又出版續作《暗鬥》（註25），但在詩織小姐一事浮上檯面後，他便從公共場合消失，也不再頻繁上電視了。

註24　突然重新經歷以往所受的創傷事件。

註25　兩本書皆為幻冬社出版。

山口只有在自己的臉書上發表見解。在詩織小姐的記者會結束過了幾個小時，他發表了這麼一篇文章：

「我從沒做過違法的事情。結論已經是不起訴。因此我不是犯罪嫌疑人。我認為該名女性如果對不起訴的結論感到不滿意，當時就會立刻提出異議。為何要等我開始在媒體上露臉才採取行動呢？為何週刊會先行刊載報導，單方面刊登該名女性的主張呢？為了研究今後的對應，我會努力理解整體的狀況。」

此外，本書在完成最後校對的前一刻，檢察審查會（註26）對山口的準強姦嫌疑的不起訴處分，公開了「不起訴適當」決議。詩織小姐收到這個結果後表示，將會透過律師「請求充分說明為何我方重新收集的證詞或證據，會被認定為『不足以推翻不起訴處分』。」

而山口則評論：「這一連串經過從未被認定為犯罪行為，本次已確定

註26 日本司法制度之一，為避免司法機關濫用職權，各地司法機關會設立檢察審查會，並由國民擔任檢察審查員，監督檢察官的不起訴處分是否適當。

不起訴處分，所以本案已經完全落幕。」

與看不見的權力對峙

讓我感到難以理解的，是檢調此次的對應。

詩織小姐的問題浮上檯面過了幾天，她隻身前往原宿署，花了兩小時說明案發經過，接著又花了兩小時向刑警說明相同內容，然後被丟到高輪署，又被迫從頭說明一次。

接著警方還說：「性犯罪沒有影片的話很難成案呢，有影片嗎？」

詩織小姐這時候已經傻眼到說不出話來了。

後續進行的飯店陪同調查，自願同行的B卻不被允許進入，詩織小姐只能單獨進入房間。據說她包含自己的姿勢在內，被迫躺在床上跟人偶詳細重現當時的狀況。

在現場參與調查的是多名男性搜查員。她可說是在眾人環視的狀況下，拚命喚起理當想盡早忘記的回憶，持續忍受羞辱。

「妳本來就不是處女吧？」當面被問這種明顯欠缺同理心的問題，也不是一次兩次而已。

但搜查還是持續進行。某天高輪署的刑警打了國際電話給正在海外工作的詩織小姐：「準強姦罪的拘票下來了。逮捕後必須向妳問一些話，妳能馬上回國嗎？」

日本準強姦罪的成立要件是對陷入精神失常狀態，或因喝酒、藥物等等而不省人事，無法抵抗的女性從事性行為。一般人很容易誤會這項罪刑並不比採取暴力或脅迫手段的強姦罪嚴重，但準強姦罪其實是有期徒刑三年以上的重大犯罪。

但就在逮捕前一刻，拘票突然停止執行。根據有關人士的採訪和報導，這起案件曾上報到警視廳搜查一課和公關課。我做事件採訪這麼多年，從未看過已經走到拘提階段的強姦或準強姦案件，會在拘提的前一刻取消拘票。

詩織小姐說當時感受到的無力感讓她「永生難忘」。對於當時難以理解且不自然的狀況，她如此回顧說：「應該有一股我無法知曉的力量在運作。」

記者會之後，詩織小姐發生了一些事情，讓人隱約能察覺到那股強大的存在——她的本名和社群媒體帳號立刻在網路上被洩漏，而且網民不知從哪裡查到了她的電子信箱，頻繁寄來騷擾郵件。

她不會感到不安嗎？又或者說不會感到害怕嗎？

訪談的最後，我問詩織小姐是什麼東西在背後支撐她，給了她勇氣。

「一定還有更多女性和我一樣是性犯罪的被害人，我如果就這樣忍氣吞聲，她們就無法跟隨我的腳步。露臉和用本名揭發確實讓我感到害怕，但是我覺得必須改變這種性犯罪被害人只能被迫忍氣吞聲的現況和社會風氣。

「我沒有打算成為維權者。不過，我這麼做沒錯。我希望自己站出來後，能稍微改變性犯罪的現狀和法律制度。」

採訪結束後，我們三名記者陷入短暫的沉默。我感到一陣頭昏目眩，這種事情真的發生在現在的日本嗎？

「要想辦法寫成文字呢。」

我們確認彼此的想法，同時踏上了歸途。

到家後和躺在床上時，詩織小姐的事情依舊在我腦中打轉。我感覺前一位採訪者，文部科學省前事務次官．前川喜平，跟詩織小姐很類似。前川先生也是因為不滿首相官邸透過內閣府扭曲了教育行政機制，因此公開自己的長相和本名，出席揭弊記者會。

結果，小人物的某種使命感意外得罪了巨大的國家權力，但他還是毫不畏懼，不改其正氣凜然的態度。如果畏懼看不見的敵人，對眼前的問題視而不見，那就正中對方下懷了。

前川先生和詩織小姐就算孤身一人也打算奮鬥下去，背負著可能會被社會性抹殺的風險揭露了問題。我就只能這樣默默看著兩人的勇氣嗎？在遠處替他們加油打氣就足夠了嗎？我可以做什麼——在我不斷思考這個問題時，眼前浮現的是安倍首相和菅官房長官。

安倍首相不會定期召開記者會，但官房長官是政府的發言人，所以我有機會能詢問他。正因為我是記者，所以我要丟出問題——我能做到的只有這一點。

一股慷慨激昂湧上心頭，我湧現出前進的勇氣。

興奮迎接記者會

時間來到六月八日。

「前川先生和詩織小姐的心願正託付在我身上」——這樣的想法彷彿在背後推了我一把，我帶著嶄新的心情，再次前往首相官邸。

這是我第二次出席菅官房長官的例行記者會。進到記者會室，我坐到從前面數來第四列，中間稍微靠左的位子。

第一次觀察狀況後，我已經大致理解例行記者會的相關規則。在發問前必須先報上所屬單位和姓名。如果要接續發問，也必須採取相同的步驟，但我腦中只有想發問的內容，常會忘記說所屬單位和姓名。

這天早上發生了一起事件，北韓發射的飛彈掉落在日本海。關於這部分的問題都問完後，我才舉手發問。自報姓名後，我針對同一天發售的《週刊文春》繼續報導前川先生出入交友酒吧一事進行了提問。

「我稍微換個話題，讀賣新聞報導交友酒吧的前一天，現任文科省初等中等教育局長的藤原先生，向前川先生轉達『和泉洋人內閣總理大臣輔佐官想要見你一面』，前川先生當下表示：『請讓我想一下』，結果幾乎就在同一個時間點，讀賣新聞跑來採訪，並於隔天刊登了報導。和泉輔佐官面對《週刊文春》的採訪否認了許多內容，菅官房長官有沒有什麼能透露的？」

菅官房長官的表情幾乎沒變，開口回應說：「既然他本人都否認了，那就應該是那樣吧？」

「換句話說，藤原先生所轉達的——」

這個瞬間，菅官房長官用右手指著我，但沒有看我一眼，他提醒道：「請說出妳的名字。」

我不小心忘了規則。

「我是東京新聞的望月。這表示和泉先生沒有請藤原先生轉達想見面的想法嗎？」

「這我不知道，但是既然本人否認了，那就應該是那樣。」

我間髮不容，立刻丟出一個有點強硬的問題：「出入交友酒吧這件事情，杉田和博官房副長官在去年秋天就已經提醒過前川先生。那個時候他為何能掌握到前川先生的行動？所有省廳的事務次官每天有什麼行動，官邸基本上都會確認嗎？還有一點可能只是碰巧，同一時期讀賣新聞的社會部門也有來採訪，這之間有什麼關聯嗎？因為杉田副長官沒有召開這種記者會，能麻煩您請教一下他嗎？」

菅官房長官的臉上逐漸浮現不愉快的表情。

我的措辭很委婉，但言下之意就是在問官邸是否有進行包含跟蹤在內的類諜報活動？是否曾將資訊洩漏給讀賣新聞？對第二次安倍政權上任後就一直擔任發言人的菅官房長官來說，這應該是第一次，有人請他問一下內閣官房的人。

不過我絕對不是有意激怒對方。既然杉田官房副長官不出席公開場合，那我就必須想方設法取得證詞。

菅官房長官立刻藏住情緒，回到平常的舉止，並說：「妳現在說的事情我覺得非常失禮。針對報社的部分，妳直接去問他們如何？以我的立場無法回答。」

「麻煩簡短發問」

關於詩織小姐的問題，我當然也有準備。

後來我檢查影片，進行到這裡已經過了快二十四分鐘。通常記者會只會開十分鐘，問題也是一個人問兩到三題，快的時候五分鐘就結束，但這次卻飄散著一股緊張的氣氛。

「我正在持續採訪詩織小姐和其關係人。高輪署原本申請了準強姦罪嫌的拘票，同時得到現任刑事部檢察官的認可，事前也向警視廳一課的本部和警視廳的公關打過招呼，準備逮捕返國的山口先生。結果當時的刑事部長，同時也是菅官房長官的前祕書官中村格，卻下令『不要進行逮捕』，改成請當事人陪同調查。我採訪了社會案件十五年，一件已經和警視廳公關部打點好的案件，不會因為刑事部長一個人的判斷就輕鬆推翻。針對這一點——」

這時行政人員突然打斷我的問題。

「麻煩簡短發問。」

我光是問題就輕鬆超過了一分鐘。我說了聲抱歉，繼續說下去：「菅官房長官您怎麼看這件事？」

「首先，妳剛才有提到一個名字，他以前是我的祕書官，但我想要指出的一點是，他在民主黨執政時也是祕書官。關於妳所說的內容，我完全不知情。」

由於沒有回答到問題，所以我再次開口確認。「打破砂鍋問到底」可說是我在社會部門採訪時鍛鍊出的記者本性。

「意思是中村先生事前沒有跟您商量，這樣的理解正確嗎？」

接受提問時總是浮現在臉上的微笑，早已消失不見。

「不可能會跟我商量吧？」

雖然只是短短一瞬間，但菅官房長官表露了情緒。

「因為我不覺得有確實得到答案」

例行記者會早就超過平常的十分鐘，「如果沒有問題的話——」行政人員判斷問題都問完，正想要結束記者會的時候，日刊英文報紙日本時報的吉田玲滋記者又舉手發問。

她似乎未得到滿意回答的感覺，在這之前像是在助攻我一樣，針對源自於文部科學省內的醜聞，提問了很嚴厲的問題：「（關於總理的意向書）您說不是假的，但您是認為沒有可信度嗎？」

前川先生在記者會明言「確實存在」的「總理意向書」，到了六月已經有許多媒體爆出這項醜聞。朝日電視臺、TBS、NHK、朝日新聞和共同通訊都聯絡了現任的文部科學省幹部或職員，得到了新的文件。

例行記者會這天，《週刊文春》的專題報導也提到同單位現任幹部的以下言論：「前川先生是具名揭露，許多職員都覺得他『說得真是太好了』。」

聽到吉田記者的問題，菅官房長官連忙尋找文部科學省相關的資料，同時唸了出來：「據我所知，文部科學省經過內部討論後，判斷對於出處或入手原因不明的文件，不需要調查和確認其存在或內容。」

菅官房長官平淡地重複相同的說明。就算吉田記者緊咬不放，情況也不會輕易改變。這次輪到我來發問。

「我代表東京新聞。您一直表示出處不明，可是現任職員甘願冒險出來揭露，而且還不是只有一位。如果他們願意具名揭露，政府會進行適當的處理嗎？政府會基於公益通報者保護制度的精神，確實保護他們並聽取他們的意見嗎？」

菅官房長官一瞬間露出了詫異的表情，彷彿在說「怎麼又是這傢伙」。

「我想避免回答假設性的問題。不論如何，文部科學省都會判斷。」

「這不是假設，我是問，如果他們鼓起勇氣公開出處的話，政府會依照他們說的內容確實調查嗎？」

「我剛才說過了，我想避免回答假設性的問題。文部科學省會判斷，不就是這樣嗎？」

我再次舉手的瞬間，行政人員開口提醒：「請不要問相同的問題。」

我吸了一口氣，刻意拉高音調回應：「你說什麼問題？不好意思。」

「請不要重複問相同的問題。」

菅官房長官露出無奈的苦笑。但我沒有得到滿意的回答，實在無法服氣。再次看到他冷漠的對應，我拚命壓抑湧上心頭的憤怒，傳達了自己的想法。

「因為我不覺得有確實得到答案，所以才會重複發問。不好意思，我是東京新聞。換句話說，就算清楚知道是誰揭露的，照您現在的回答，政府不表明是否會認真調查嗎？也就是說您的回答是無法回答，對吧？」

最後反覆用了「回答」一詞。這是我在情緒亢奮時會出現的習慣。

「所以說，我的立場不回答假設性的問題。不管如何，到時候文部科學省會再考量，我是這麼認為的。」

記者同行的怨言

記者會室被某種寂靜圍繞，專門採訪官房長官的記者打筆電的鍵盤聲，冰冷地迴盪在室內。

為了掩護不知如何回答的菅官房長官，行政人員一共悄悄遞出了兩次新資料。要在例行記者會尋求政府的官方見解，內閣記者會大多會在事前告知詢問內容，這樣行政人員也能事先準備好資料。

反過來看，八日這天，關於前川先生出入交友酒吧和詩織小姐的事情，都是突如其來的詢問。所以行政人員必須在記者會上急忙準備資料，協助菅官房長官。

記者會的時間最終超過了三十七分鐘，我總共發問了二十三次，這就是我情緒激動下拚命發問的結果。

菅官房長官一鞠躬後快步離開了記者會室，彷彿自己終於被解放了。在那之後的狀況也不同於至今的例行記者會。

按照過去的慣例，菅官房長官的例行記者會結束後，專門採訪官房長官的記者會在記者會後進行採訪，也就是所謂的不具名採訪（off the record），據說時間大約三分鐘。因為是不具名，所以很難直接寫成報導，當然政治家說出資訊時也知道內容會外流。這段時間很珍貴，因為可以用貴重的資訊來追蹤政治情勢。

回過頭來看，當天的菅官房長官在例行記者會後並未接受不具名採訪。他快步前往的地方是總理執務室，而非平常的官房長官室。

對我來說，這天的例行記者會比上次輕鬆，感覺自己能用平常的步調問話。後來我離開官邸到別的地方去採訪，大約在下午四點前，我接到了官邸組長的聯絡。

組長用不愉快的語氣說：「我這邊收到記者俱樂部的全體意見，他們說每個問題的時間如果太長，或是一個人多次發問，以後例行記者會可能會限制每人只能問一題，也可能不再召開記者會。」

聽到電話一頭提到「全體意見」的瞬間，我訝異心想：「俱樂部的大家已經開過會了嗎？」

「全體意見」是指記者俱樂部整體的意見。通常是由各新聞社的組長等，至少會各派一人參加討論並決定內容，會用在比方說以俱樂部的全體意見進行抗議，或是進行交涉等。

當天因為少了不具名採訪，菅官房長官又異於往常，跑到內閣總理大臣執務室，所以大家才會覺得「這下不妙」或「要處理一下那傢伙」，所以才會由某家新聞媒體出面，統整成了「全體意見」吧。

我多少打亂了記者會室的氣氛，這點我有自覺。但我不覺得自己引發了重大問題，大到要立刻召開俱樂部總會。掛掉電話後，我心中一股無法壓抑的心情益發強烈。我感覺記者們比自己想像的還更加親政權。連我問那些問題都不允許嗎？

全體意見的事實，讓我感到愕然。

我被心中急遽擴大的失望感侵襲，同時想到負責採訪官邸的前輩記者們，八成也接到各家媒體的抱怨，於是我打起精神，撥了通電話想和他們道歉，想不到手機的另一頭卻傳來意外的回應。

「結果全體意見撤銷了。」

我一聽才知道，俱樂部似乎沒有集合起來討論。那剛才的電話是怎麼回事？是因為出具全體意見會引發問題才撤銷的嗎？不過，前輩記者又補充說了這句話：「目前俱樂部還沒有表示擔心，但今後可能會有。」

這句話說得很委婉，但跟前輩記者聊過後，我知道了一件事。

那就是不管是在菅官房長官眼中，還是在內閣記者會的官房長官專責記者眼中，我都是一個突然現身的麻煩製造機。

超乎想像的擴散

隔天九日，文部科學大臣・松野博一發表了意外的內容，他表示針對文科省的那份意向書：「我們會真誠看待國民的聲音，重新進行徹底的追加調查。」

這是發生在我打破砂鍋問到底的隔天，老實說我有點驚訝。我不認為自己的問題會對重啟調查帶來影響。假設有影響的話，如果我不發問，現在又會如何呢？

媒體的報導也超乎我的想像。

「我是東京新聞的望月。」

「因為我不覺得有確實得到答案，所以才會重複發問。」

《報導STATION》（朝日電視臺）等電視資訊節目，反覆播放了記者會的狀況。不知不覺間，網路媒體上也製作了新聞頁面，清水潔記者和山崎雅弘先生都在推特上提到我。

值得開心的是，東京新聞也收到非常大的回饋。從六月八日開始的一週內，約有五十萬份的訂報申請，有很多人打電話到客服中心替我加油打氣，也有人寄信到編輯部。

我的記者人生第一次得到這麼多的回應。

官邸記者會的氣氛依舊冷冰冰，但我還是持續發問。

十五日這天，國會強行通過了「共謀罪」法案。當初我隸屬「共謀罪」的採訪團隊，所以知道這個法案的危險性，希望能採取一些行動，但最後還是通過了。我感到無能為力，我能做的只有發問，於是我每天都出席官邸記者會。

受到聲援而感受到鬱鬱寡歡

外界的聲援讓我內心感到很踏實，但一方面我越是顯眼，越是叫我鬱鬱寡歡。

原本以為其他記者會「跟著望月衝」地殺入記者會現場，但我卻依然鶴立雞群。專門採訪官邸的記者們也不願意和我對上眼。

一位朝日新聞的記者，也是長年在美國採訪的尾形聰彥，寫了一本書叫做《亂流的白宮（註27）》。裡頭提到日本和美國記者在採訪態度上的不同，其中一個案例便是拿菅官房長官記者會為例。

他表示：「如果是白宮的記者會，幾乎所有媒體都會站在政權的對立面採波狀攻擊發問。」

註27 二〇一七年出版，岩波書店發行。

不只是官邸的記者會，麻生大臣的財務省記者會，理當要因為國稅廳長官．佐川宣壽的問題而動盪不已，但記者會似乎也很安靜。一位電視臺的大前輩記者也感嘆說，「記者的追究真的不夠深入。」

這讓我不由得思考，記者的工作到底是什麼。

一般民眾給了我超乎預期的反應，反之也能說，是因為他們平常不信任媒體，覺得「根本沒人問我們想知道的東西」。

記者質問掌權者是理所當然的事情，本來不應該被人稱讚，但現在記者已經不敢向權力說話了。新聞工作這個詞聽起來很酷，但我感覺看到了其極限。

先前我和新聞主播金平茂紀碰面時，他說了一句話讓我印象深刻。

「國會在審議安保法案時，媒體應該確實分析法案的優缺點，但卻大幅報導了挺身反安保法組織 SEALDs 的創辦者奧田愛基等人。媒體捧他們是當代年輕人的象徵，但當他們受到批評卻不會加以保護。」

金平主播說，這是膽小懦弱的媒體利用他人在做報導，因為媒體不想公開負責。他說發生在我身上的事情也是一樣的。

原本各家媒體也來做我做過的事情就好，但他們只是報導我本身，不管是讚揚還是批評都一樣，因為不管結果如何，他們都不用負責。他們不想往前跨入一步，總是待在某個東西後面。

這種遺憾的心情無法被抹去。即便如此，東京新聞還是成為了我的後盾。就算被官邸盯上，就算會蒙受不利的狀況，還是要回應讀者的期待，這是東京新聞定下的方針。

公司的某個大幹部打電話給我，要我在菅官房長官的例行記者會上不要客氣，這更是大力推了我一把。

「身為一名記者，政權如果涉及弊案就應該問到底才對。不要怕，加油啊。」

其他公司的人也透過這位大幹部激勵我：「不要輸了！我們替妳加油！」

這讓我熱淚盈眶。

朝日新聞的南彰記者也開始在官邸的記者會上陸續提問。

我的推特原本只有一千人左右追蹤，當我注意到時，追蹤人數已經超過四萬五千人，臉書的好友則達到五千人的上限。獨自外派海外的外子也在背後支持我，大概是因為他常會在影音網站看我和官房長官的對話吧。

「妳的發問要更簡短一點。」在這句別人常對我說的意見後面，外子接著說：「網路的留言，還有推特、臉書上的善意留言和提點，妳聽一下比較好。但是妳自己不要去看。因為心情會受到影響。我會幫忙確認，有看到什麼再聯絡妳。」

包含我最愛的外子在內，有許多人在背後扶持我。待在家裡時，則有可愛孩子們的天真笑容療癒我疲憊的身心靈。

好，接下來就是炎熱忙碌的夏天了——正當我鼓足幹勁時，我卻突然因為腹部劇痛而動彈不得。

第五章　超越獨家主義

突如其來的劇痛

我連續幾天都比鬧鐘早起，而且有種消化不良的不適感。參加官邸記者會後過了一個月，我的胃部一直感覺到刺痛，採訪的時候都要吃腸胃藥。但這天刺痛變成了劇痛。而且疼痛的地方逐漸從左側下腹移動到背部附近。

那天是七月十日。官邸記者會結束，我下班後忍不住疼痛，跑到醫務室躺在病床上，回想起十年前左右，我也遇過相同的症狀。到了晚上依舊疼痛不止，於是我隔天一早去了醫院。

醫生告知的病名正如我預期：「妳這是憩室炎呢。先住院一個星期吧。」

大腸等消化器官的黏膜凹陷，形成名為憩室的坑洞狀結構時，當排泄物卡在坑洞裡就會引發感染症狀。長期纖維質攝取不足會容易形成憩室，據說壓力太大也是成因之一。

我必須盡可能避免住院，因為我先生獨自被外派海外，過去一直依靠的母親也已不在人世，我必須照顧小孩。更重要的是，我不能離開現在正在追蹤的加計問題長達一週。我想到上次打抗生素效果非常好，於是拜託醫生開處方，我就直接返家了。

出席官邸記者會後，我親眼看見了不論好壞的各種變化。我一路上為自己打氣，不去放在心上，但這樣的日子不知不覺間，對我造成了壓力吧。

我堅持每天出席一次例行記者會，但我的身體比心靈早一步發出了悲鳴。

我的記者生涯中，有好幾次弄壞了身體。在社會部門負責跑司法線時，我追著東京地檢特搜部負責的案件跑，有好幾次在凌晨兩、三點，被幹部叫到酒席上。

我總是睡眼惺忪地打點好自己並趕到現場，常常一邊摩挲腎臟或胰臟部位，一邊進行採訪。我覺得自己不太會喝酒，但因為喝習慣了，酒量變得還可以，但內臟疲勞逐漸累積。

我也曾經噴嚏、過敏性鼻炎和咳嗽不止。

這次痛苦跟之前的等級不太一樣，於是我請假休息。但社會的動向不會等我，我在床上上網時，得知隔天發售的《週刊文春》會刊載菅官房長官本人的相關嫌疑。

「『外界知道就麻煩了』菅官房長官指示」

細節我這邊就不提，報導內容如果屬實就會是大問題，他涉嫌違反政治資金規正法，或是國家公務員法的保密義務。

這件事我要直接問他才行……我抱著病痛，心不在焉地想著。

兩天下來我沒吃東西，並充分休養，隔天早上總算能起身了。雖然有點昏昏沉沉，但我吃了抗生素馬上就前往官邸。

不出所料，例行記者會的初期階段，沒有半個人提及《週刊文春》的報導。到了中間我照例緊咬不放，但菅官房長官的回答始終如一。

「不存在妳所說的事實。」

奇妙的是當我一反覆提問，就不會感覺到肚子的疼痛。原來只要分泌腎上腺素，人類連疼痛都會忘記啊，這讓我感到莫名佩服。

官邸的各種應對

到了這個時候，我確實感受到官邸也在討論該怎麼應付我。因為他們開始用盡各種方法變化回覆。

有時，行政人員會在記者會的開頭說：「長官後續還有公務，請大家多多協助。」意思就是希望問答時間能簡短一點。有時還會說：「今天因為公務在身，十一點三十分就必須離開。」

這看似針對所有出席的記者，但很明顯就是在牽制我。

「望月，妳有聽到嗎？喂，妳有在聽嗎？」前輩記者也提醒了我。

「我有聽到！」但如此回應的同時，我心中實在無法認同。

上午的例行記者會在十一點開始，但菅官房長官一定會遲到。有時甚至會遲到十五分鐘。所以實際的記者會可能不到十分鐘就必須結束。於是我在記者會說出了這個要求：「我明白長官的公務非常重要，但我們也想問到想問的事情，所以希望可以準時開始。」

有一次，官邸做出了這種對應。

七月二十四日和二十五日，國會在休會中審查下舉辦的例行記者會，不管我問什麼，長官都回覆語意相同的答案：「就如同總理在國會說明的。」

這個回答方式，後來在網路上被嘲諷是「壞掉的收音機」。

除此之外，我還被這樣說過：「請不要基於主觀和猜測發問。」我的發問是基於獨自採訪或其他媒體報導的內容，如果不能詢問記者經採訪所抱有的主觀想法，那從那一刻開始，新聞工作在例行記者會就不成立。

這個記者會不是政府單方面傳達官方見解的場域，於是我毫不鬆手，結果某天的例行記者會後，我感受到菅官房長官在接受採訪時情緒爆發。

「到底要持續到什麼時候！我的忍耐也有極限，一直在問那種問題，電視播出的時候只會斷章取義，這樣太奇怪了吧！」

記者俱樂部制度的極限？

氣氛進一步轉變不知是從何時開始。

我在序言也有稍微提到，菅官房長官的回答雖然答非所問，但至少最一開始的時候，只要你舉手他就會點名，也不會挑媒體。但不知從何時開始，記者會的時間明顯縮短了。

至今擔任司儀的官邸宣傳官常會說「長官待會還有公務在身」，然後想盡早結束記者會。

「最後再一個人。」

「最後再一個問題。」

後來他開始指定數量了。

還發生過這樣的狀況：宣傳官說再一題之後我開口發問，而菅長官的回答則如往常一樣，於是當我想再次發問時，記者俱樂部的幹部記者開口說：「以上，到此結束。」

就這樣中斷我的問題。

為何要中斷我的提問？而且我們明明都是記者，這讓我感到不可思議。我決定認為是因為有可能他沒看到我舉手，因為我只能想到這樣的理由。

到了某一天，我明顯感覺到不對勁。

當天在記者會室，幹部的電視臺記者坐在最前列，朝日新聞的南彰記者則坐在他們後面一點，而我則是坐在更後面一列，確保他們兩人看得見我。

宣傳官照慣例說：「最後再接受幾個發問。」

我持續發問後，南記者舉手說：「那個，不好意思。就是……」

菅長官明顯看到南記者在舉手，幹事社的記者也刻意轉頭，確認到他在舉手。然而，該記者卻說「可以了嗎？」然後菅長官則回答「可以吧」。接著幹事社記者又說了一句「好了嗎？」，然後結束了發問。

南記者從二〇〇八年福田內閣下的町村官房長官算起，歷經河村長官、平野長官、仙谷長官、枝野長官、藤村長官，一共參加了五百場以上的官邸記者會。他表示，過去從沒看過有記者舉手，內閣記者會的記者卻主動中斷發問的情況。

為何同樣是記者卻要中斷詢問呢？

我抱著難以置信的心情實際採訪後，發現了一個驚人的事實。

八月下旬，菅長官這邊的人，透過幹事社告知負責採訪菅長官的記者，說想要縮短記者會的時間，專職記者拒絕，並說「無法限制時間」，沒有答應他們的要求，但同意官邸的宣傳官用「再〇個人」或「再〇個問題」的方式中斷詢問。

這不是媒體的自殺行為嗎？

如此衝擊的事實，讓我感到愕然而哭了出來。

這就是日本媒體的極限嗎？我震驚到雙腳顫抖。

不僅如此，事前要先提交訪綱這件事也執行得更加透徹。這種手法從以前就存在，而且不只限於官房長官的記者會，但最近菅長官幾乎是看著手邊的稿子在回答。

這如果不是單方面唸稿的記者會，那什麼才是？

之前有一次，菅長官在低頭抨擊前川前事務次官做了「身為教育者不該做的行為」，我不自覺開口問：「長官是在閱讀事前準備好的稿子嗎？」

結果菅長官明顯不悅地回答：「我沒必要回答妳那種問題！」

從這個時候開始，我在問答環節的開頭舉手也不會被點到。除非舉手的人只剩下我，才會輪到我來發問。

前面也稍微提到了記者俱樂部制度。這對記者來說很方便，卻也限制了雜誌、網路記者和自由記者，因此古賀茂明等人才會在著作《國家中樞的狂謀》中大肆批評。

內閣記者俱樂部的記者主要隸屬於各報社的政治部門。他們的工作是跟政治家建立溝通管道，並收集國家政策相關的資訊。如果在例行記者會上讓菅長官不高興，可能就會拿不到重要的資訊。

要收集國家政策相關資訊的門檻也很高，就算知道政府要跟外國協商，但要拿到行程也很困難。但如果平常有建立聯絡管道就會比較順利，也能避免其他媒體知道只有我們自己不知道的獨漏狀況。

獨漏很可怕。所以我明白政治部門記者的心情。

然而，在官房長官記者會上聽政府的官方見解很重要，但我們應該也可以坦率地在這個場域提出懷疑和疑問，詢問政權中樞。媒體可以這樣自行判斷，順著政權的心意走嗎？

這樣不會留下禍根給繼承新聞報導精神的後代記者們？

可疑的警告與身分查核

周圍的人常說我「總是很鎮定」和「看起來毫不在意」，但其實我也會感到害怕。除了朋友以外，有幾位前輩記者也打了電話警告我：「要小心四周。」

我該怎麼小心才好……我如此心想，同時也覺得自己已經豁出去了。仔細想想，我只是做了身為新聞記者該做的事情，沒有做什麼虧心事。

其實到了二〇一七年夏天，我開始感受到自己周遭出現微妙的變化。因為我聽說內閣情報調查室（內調）（註28）和公安警察開始在調查我的事情。週刊也開始在寫類似的內容。他們布下了何種情報網我不得而

註28為日本最高情報機關，被稱為日本CIA，負責收集日本國內外政治、經濟與各項國家安全情報。

知，但曾經發生過這樣的事情：

我認識的記者C曾經和某位議員碰面。某次內調跑去問議員：「C是怎麼樣的人？」過了不久，內調又跑去問議員說：「東京新聞的望月是怎麼樣的人？」

我是從記者C那邊聽到這件事，這就是對方的目的吧？因為記者C跟我有接觸點，所以可藉由記者C讓我知道，有人正在調查我。

內調或公安警察不直接施加壓力，而是間接傳達「我們正在監視妳」的訊息，對我施加心理壓力。據說這是他們常用的手段。我認為是很骯髒的做法。

另外，有段時期還有這樣的電話打到公司的總機：「叫望月過來聽電話！」

大概是狂熱的政權支持者想直接暴罵我一頓吧？而且不分晝夜打了好幾通進來。因為對方實在太死纏爛打，讓公司覺得很危險，所以編輯部內下達了徹底的指示，要我絕對不能接電話。

來自產經新聞的採訪

其他同業也對我展現了厭惡感或過激反應。

七月的某一天，有人寄了一封書面詢問給我。寄送人是產經新聞的官邸專職記者。

「望月，妳看一下。」

社會部門長交給我的一張紙上，總共寫了三個問題，內容都是關於菅官房長官的例行記者會。

「望月記者是否有認知到自己是基於主觀在提問？」

「望月記者在記者會上常被提醒問題要簡潔，不要重複詢問相同主旨的問題，請問您覺得是否有必要改善？」

「望月記者是以何種姿態參加記者會，今後又是怎麼想？」

這名記者在六月下旬也曾寫過一篇報導，標題是「『請確認事實再發問』，菅義偉官房長官向東京新聞記者抱怨」。

如果不回答這份突然寄來的書面詢問，他大概就會在近期刊載的報導裡寫「在截稿前未獲得回應」吧？於是公司做好整理，用編輯部的名義回覆。

「提問內容是基於對相關人員的採訪或資料。」

「提問後未得到明確的答案時，可能會重複提問。」

「因為想直接詢問國民感到疑問的內容，所以才會參加記者會。」

這樣的內容讓我聯想到菅官房長官，如此冷淡的回答方式成了報導的一部分。不出所料幾天後，這些回答就被刊載在產經新聞的網頁上。不過標題說得像是我在無病呻吟一樣，著實讓我感到惱火。

「官房長官的記者會被鬧場！只因東京新聞社會部門的記者如在野黨議員般反覆詢問」

因為報導本身的筆調很平淡，所以我最後決定加以無視。但我還是想說一句話：你到底是面向哪裡在從事新聞記者這份工作？

我和產經新聞其實有過一點緣分。我在大學的求職活動中，一位在產經工作的畢業學長曾跟我說：「妳筆試沒考好可以跟我說一聲」，這讓我對產經新聞有很好的印象。

而且東京新聞也有很多前輩記者是從產經新聞跳槽過來的，他們做的採訪很棒、報導也寫得很好，是一群我可以放心仰賴和尊敬的前輩。我希望記者不要揣摩官房長官的意圖，同時找一個小記者的麻煩，應該要以獨自的觀點詢問官房長官，並將其回答寫成報導。

某次，一位跑政治新聞的女性自由記者，在我也有參加的官邸記者會上問了這樣的問題：「我想現在有很多人關心這個問題。最近東京新聞和日本時報的記者相繼在發問。老實說長官是不是感覺他們很死纏爛打？」

菅官房長官露出看似很愉快的表情回答說：「不會，那個，我完全沒有那種感覺。」

我非常清楚這不是真心話，因為看了記者會的影片，連我都覺得自己很纏人。

我印象最深刻的事件

罹患憩室炎後我躺在床上休息，同時回想起我在母親過世後，每一天的忙碌都很戲劇性。其中，我也回顧了至今身為新聞記者的一切。剛出道時，我滿腦子想的不是獨家就是獨家，內心總是意氣用事，希望能找到其他報紙沒報的獨家，然後在東京新聞大幅報導。

也曾因為操之過急而犯下意想不到的大失敗。

事情是發生在新人培訓結束後，我被分派到千葉分部的時期。我在報導某起案件時，不慎將無辜的人當成犯罪嫌疑人，並附上照片、寫了一篇報導說「逮捕歸案」，那個無辜人士還是個黑道老大。

因為提供給我資訊的警方幹部很清楚這件事，所以我才會覺得「這個報導行得通」並刊登在千葉縣版上。我看著分部送來的早報，正感到意氣風發時，另一名警方幹部打了電話過來。

「望月記者，我看了那篇報導，那個老大沒有被逮捕喔。」

我感覺到身體逐漸發涼。被逮捕的是黑道組織的幹部。我原本要一起去謝罪，但上面的人阻止了我，最後是分部長和組長，代替我前去黑道組織的事務所致歉。

幸好那名年長的老大寬宏大量，笑著原諒了我。

「那名記者很有幹勁呢。年輕的時候難免會犯錯嘛。」

聽到分部長和組長的轉達，我不由得鬆了口氣，接著我寫了進公司的第一封悔過書。正因為我不管什麼都想寫成報導，才會像脫韁野馬一樣，不顧後果地橫衝直撞，這次的事件剛好給了我一個教訓。

我至今印象最深刻的獨家報導，是在埼玉分部的時候。

一名違反銃刀法（註29）被捕拘留的黑道老大，與埼玉地檢熊谷分局負責調查的國井弘樹檢察官之間，做了異於常理且讓人不禁懷疑檢調見解的幕後交易，我掌握到了這一點，並報導出來。

在偵訊室這個密室裡頭成立的幕後交易，簡單來說如下：

黑道老大打電話給違反銃刀法被通緝的組員

↓

要該名組員把黑道組長藏起來的手槍移往他處

↓

讓警方發現並主動投案

黑道組長本來就不想供出手槍放在哪裡，而埼玉地檢和埼玉縣警只要串供好就能逮捕通緝犯，而且還能扣押手槍。當局和嫌犯共同捏造了一個對雙方都不會有損失的事件，讓事情圓滿落幕，這似乎是昭和時代

註29 近似臺灣的槍械彈藥管制法。

慣用的手法。

話雖如此，最近有不少檢調相關人員認為這是惡習，並將其視為禁忌。然而負責的國井檢察官卻做出前所未聞的行為，容許嫌犯在偵察室打電話給通緝犯。檢察官為了偵察立功，連這種事都做嗎？

透過至今的採訪，我原本對檢察官這個職業抱有好感，因為有很多人抱持尊嚴，勇於對峙權力，滿溢著純樸的正義感。業界氣氛也很寬大，不太會被世俗風氣左右，氣氛不同於其他的官僚業界。這群通過司法考試和高考，跨越高難度門檻的人非常優秀。

國井檢察官據說也很幹練，我也聽說他工作評價很好，就像木村拓哉主演的電視劇《HERO》一樣。正因如此，聽到他的搜查方法，我頓時覺得難以置信。

許多檢察官或事務官對國井檢察官感到震怒，認為絕對無法原諒他的行為。我透過反覆採訪，掌握到這樣的聲音後確實查證，寫成了報導。

然而——東京新聞踢爆後，東京高等檢察廳和埼玉地方檢察廳著手內部調查，結果判斷「查無不法」，最後只由檢察總長口頭警告完事。策劃幕後交易的國井檢察官並未得到懲處。

據說國井檢察官原本計畫從埼玉地檢署高升到東京地檢特搜部。這件事情發生後，這件事被擱置，後來他轉調到大阪地檢特搜部，又因為其他事件被媒體大篇幅報導。

只要提到村木事件，應該會有很多人會想到吧。

國井檢察官涉及冤案

村木事件是厚生勞動省的村木厚子（其現為伊藤忠商事董事，暨大阪大學男女共同工作推動中心招聘教授），被大阪地檢特搜部以涉嫌製作、使用偽造有印公文罪逮捕和起訴。但在那之後，爆出檢察官竄改證據，大阪地方法院一審判決無罪，大阪地檢放棄上訴，因此無罪定讞。

再次證明這是冤案的當晚，主任檢察官・前田恆彥因涉嫌湮滅證據被捕。其上司大阪地檢前特搜部長・大坪弘道、副部長・佐賀元明也因涉嫌藏匿人犯，雙雙遭逮。當時的檢察總長・大林宏才剛就任半年，最後引咎辭職。

在這件撼動檢察機關信譽的大問題中，從埼玉調任大阪的國井檢察官，也因國家公務員法被處分了兩次：

第一次是主任檢察官已經坦言竄改證據，但國井檢察官卻擱置了半年未向上級報告，因此受到減俸一個月的處分；第二次是國井檢察官偵訊了村木小姐，但後續面對上司的詢問調查時，卻未如實報告偵訊的狀況，因而受到申誡處分。

他在偵訊過程中喋喋不休自己描繪的案情，幾乎沒在聽村木小姐的說詞。某次甚至製作了與事實完全相反的筆錄，逼迫村木小姐簽名，這點之後在《週刊朝日》被報導了出來。

後來他製作的鬼扯筆錄被撤銷，還被控偽證及湮滅證據，但最終獲不起訴處分。

據說村木小姐的一審攻防中，律師提出的證據包含了我揭露的埼玉手槍幕後交易事件。

「你有做過這種事嗎？」

面對律師的詰問，據說國井檢察官是這樣回答的：「那是捏造的。」最後事實證明，國井檢察官對村木小姐的偵察超出常規，重新回到社會部門跑司法線的我，從檢察廳幹部那裡聽到這麼一句話：「妳那篇報導出來時，如果有確實處分他就好了。不要只有特搜部內部調查就完事，如果當初有起訴他送到公判部，就不會發生這種事情了吧。」

公判部是專門負責法院法庭活動的部門，工作內容與專門搜查政治家貪汙問題的特搜部有根本性的不同。

事實上，埼玉地方檢察廳的第二號人物，也就是次席檢察官，針對國井檢察官的幕後交易曾經怒上心頭，並表示：「不管再怎麼樣這都做過頭了，肯定是要處分的吧。」

然而正如前一節所述，國井檢察官的處分只有檢察總長的口頭警告，等於沒有任何實質處分，後來他就被調到大阪地檢的特搜部。

日齒連事件以來的因緣

事後我才知道，國井檢察官的處分會這麼輕微，有一部分是因為我在二〇〇四年參與的日齒連事件。

我在第二章提過，東京地檢特搜部的幹部約談了東京新聞採訪組，包含我在內共三人。後來這些幹部高升到最高檢察廳的刑事部長，以及東京地檢的次席檢察官。

這兩位讀了國井檢察官相關報導後，據說瞬間暴怒。

「又是望月！這樣絕對不能讓他（國井檢察官）被處分。」

後來我和東京地檢的幹部對談時，聽到了這件事。

「妳報導的埼玉那件事，因為各家媒體沒做後續報導，讓我們挺了過去。當時檢察廳內的意見兩極，一派認為『又是望月寫的』或『絕對不能因為這樣就做處分』，另一派覺得『不能原諒檢察官這樣做事，應該加以處分』，最後我強行讓事情朝不處分的方向前進。」

據說檢察廳內一陣譁然。

而特搜部直到最後，還是沒釐清我是從哪裡拿到那份收受迂迴獻金的自民黨國會議員名單，我想他們對不肯鬆口的我應該恨之入骨吧。日齒連事件的約談，真正的目標很明顯就是被連續約談兩天的我，這實在讓人厭煩。

他們的心情我多少可以理解。但他們有必要因為報導是我寫的就吹毛求疵，甚至無視內部「應當做出處分」的聲音嗎？

對我而言，埼玉的那篇報導造成的影響沒有我想像中得大，使得國井檢察官後續又涉嫌兩次違紀，讓我至今覺得很遺憾。如果當時國井檢察官沒被送往大阪地檢特搜部，或許就不會有那起流傳後世、村木厚子前事務次官的冤案了吧。

揭露對方想隱瞞的事情後

寫到這裡似乎占了一點篇幅，這起埼玉事件最讓我印象深刻的理由有兩個。

其一，是我透過調查和報導揭露了醜聞，將採訪對象不會主動公開、甚至想盡可能隱瞞的事情暴露在陽光下。

第一章也有提到，我的主題一直以來都是揭露警方、檢方或當權者想隱瞞的事情。在千葉分部時代，有位鑑識刑警告訴我，他是否會說出資訊全憑記者的熱情。我因為相信這句話而一路採訪過來。

至今堅持的事也在這起事件中具體成形，才會讓我印象深刻。

其二是這起事件讓我對獨家的想法稍微改觀了。契機是剛寫完報導後，其他報社對我說的一句話：「如果寫這篇的是朝日新聞就好了……」

如果是其他報紙的獨家，大家在核實後基本上都會追。但當天晚報裡，有追蹤報導的只有朝日新聞。如果所有報紙都跟著報導，這起醜聞或許會得到更大的關注。在輿論的嚴厲抨擊下，檢察總長就不會只有口頭警告吧？

只要是新聞記者，當然都會想要獨家。但不知從什麼時候，我開始覺得記者也應該敏感對應時代變化。

例如我在日齒連事件時拿到的收受迂迴獻金的國會議員名單。如果是現在的我，或許會跟自己建構的人脈，也就是其他媒體記者們共享資訊吧。當然我不會把所有資訊都放出去，但相較於一家獨有，不如讓多家媒體從各個方向來追蹤會更有效果。

這或許就像橄欖球的列陣爭球吧。媒體必須視情況跨越紙本、電波、報紙和雜誌的藩籬，達成橫向連結。

這個想法在我經歷安倍政權後更加強烈了。

跳脫獨家主義

媒體委靡不振的說法已經存在已久。是從什麼時期開始的呢？我想肯定是二〇一四年十一月的那天吧。

在十二月眾議院議員總選舉的前一刻，在自民黨副幹事長中列位第一的荻生田光一，具名向東京各家電視臺寄出請求信，要求選舉報導的公正中立。請求書本身就是一個異常案例，而且上頭的內容也會讓人懷疑自己的雙眼。

「希望媒體能達到公平、中立和公正，在街頭採訪和資料影像等報導中，不要有意見偏頗，或強調特定政治立場的狀況。」

原本就應該由電視臺自行決定的街頭採訪，要如何才能做到公平中立。如果電視臺覺得被政府及自民黨干涉很麻煩，今後就不會報導街頭採訪的內容。電視臺必須依據總務省管轄的《電波法》取得播放執照，而這也削弱了電視臺的立場。

媒體本應抱持尊嚴進行反駁，但揣摩執政黨想法的氣氛卻急速擴散開來。

朝日電視臺《報導STATION》的惠村順一郎、TBS系列《NEWS23》的岸井成格，以及NHK《今日焦點》的國谷裕子等，這些會對政權確實發表意見的記者或新聞主播都一一下臺了。

我在這個時期，開始參加幾個讀書會。聚會每次會有五到二十位左右的媒體相關人士共享資訊。

使電視界陷入嚴峻狀況的封閉感，也深深感染到新聞媒體。我們想讓橫向連結更緊密，跨越媒體或公司的藩籬，分享對未來的危機感，正因為是這樣的時代，才會孕育出這種心情吧？

參加讀書會的記者們，有些是來自親政權的媒體。但不論哪家媒體，都會有值得信賴的記者，他們貫徹身為記者的志向，不去迎合權力，並走在自己相信的道路上。

參加讀書會的人會介紹值得信任的人來參加，所以人脈會越來越擴展。在關鍵時刻能有一群同伴共同奮鬥，這對我而言是一個很大的心靈依靠。

橫向擴展不只限於報紙、電視或廣播。

前經產省官員．古賀茂明曾對我說：「大家都在報六月八日的事情，但是對我來說，六月六日更具有衝擊性。」

有人在關注讓我感到很開心，覺得內心很踏實。

清水潔先生（我對他很尊敬，把他當作事件記者的神一般存在）也時常會激勵我，在推特上也曾發推文為我加油打氣。某次他寄了封會讓人有點抖的郵件給我：「看來妳會比我早因為共謀罪被捕吧。」

我認為這句話是最棒的讚美之詞，意思就是要我照現在的步調繼續前進吧。

週刊《AERA》首位女性總編輯、目前擔任網路媒體「Business Insider Japan」統籌總編輯的濱田敬子小姐也用力推了我一把。

一問才知道，她在《週刊朝日》時做政治採訪的期間，曾毫不客氣問了許多嚴厲的問題，最後被專責採訪執政黨的組長罵，要她「不要問一些失禮的事情」。

似乎是有過這樣的經驗，所以才會對我有共鳴。

「被自己人這樣說最叫人難受呢。我想東京新聞的政治部門應該也有對妳說什麼，我就在想一定要聲援妳。」

現任公關公司社長，並在教育型NPO法人「KIDSDOOR」擔任公關的若林直子小姐也是聲援我的人之一。「KIDSDOOR」是前川喜平離開文部科學省後擔任志工的地方。若林小姐從以前就跟我有深交，親政權的媒體寫了一些批評我的報導讓她看不下去，於是活用了人脈尋求各方面的幫助。

「請想辦法幫幫小望（註30）。」

註30 作者的暱稱。

我由衷感謝人與人之間的羈絆，這份感謝之心給了我全新的能量。
其他還有自由記者、政治評論家、電視相關人員、播報員等，我得到許多人士的鼓勵，還有榮幸跟一些人聚餐。這是我至今沒想過的事情，每次我都不禁感覺到其他在追蹤這些問題的媒體從業人員，其實也跟我有一樣的懷疑或憤怒，再次點燃了我想要努力的心情。

兩位可靠的記者

儘管人數稀少，我在記者會室也有了夥伴。
六月八日的記者會上，從中間和我一起詢問菅官房長官的記者，是日刊英文報紙日本時報的吉田玲滋記者。她比我年長五歲，是從一九九三年開始，就在第一線活躍的資深前輩。
她在日本時報負責防衛廳、東京證交所、自民黨、外務省和首相官邸等各領域。歷任報導部的次長後，從第二次安倍政權上路的二〇一二年十二月起再次負責首相官邸的採訪。

當菅官房長官的回答令人無法認同時，她會持續丟出尖銳的問題。第四章也稍微提過，當我要求進行更深入的詢問時，菅官房長官回答說「文部科學省判斷不需要調查和確認其存在或內容」。這段對話持續一陣子後，吉田記者也加入了戰局。

「現在有五家左右的大媒體，都報導了現任文部科學省職員證明『確實有該文件』的證詞，長官您的意思是這些內容都是假的，不能相信嗎？」

簡潔有力的質問，讓菅官房長官慌忙採取守勢。

「我沒說是假的。受到外界各種指教，文部科學省判斷不需要調查和確認其存在或內容。」

彷彿這理由說不通似的，吉田記者又繼續問：「您沒有說明為什麼會那樣回答。如果沒有證據，大家就各持己見而已。那現在不就只能查電腦紀錄了嗎？不管是誰都知道做了總比不做好，堅持不調查令人非常費解。聽起來只是不想做而已。長官您一直都說同樣的話，是因為報導的內容不能相信嗎？」

這種連續追問的方式令人著迷，我不由得在心中狂讚。據說從這天起，日本時報編輯部接到了許多聲援的電話。

日本時報創報超過了百年，在那之後我有機會和該報的女性幹部談話。全盤信任吉田記者的該名幹部，面帶笑容地鼓勵我說：「妳們兩個一起加油啊！」

而朝日新聞政治部門的前官邸專職記者．南彰，也是可靠的存在之一，他比我稍微晚一段時間才開始出席例行記者會。他透過濃縮了好幾層理論的質問，常會從善用「菅話法」（最具代表性的就是「不是你所說的那樣」）的菅官房長官那裡，釣出意外的回答。

加計學園的三名幹部曾經出席國家戰略特區的工作小組，但一部分的會議紀錄卻被竄改，事情就發生在此事曝光後的例行記者會上。我照例反覆提出質問，菅官房長官照例含糊其詞，這讓我感到惱怒，開口說：「政府沒有準備調查，不打算確實向國民說明嗎？」

菅官房長官的回答讓人不禁懷疑自己的耳朵。

「一切就跟在國會上說的一樣。我想這裡不是回答問題的場所。」

那這個場所又是為何而存在？

他因為不知該如何回答，試圖閃避問題，結果自掘墳墓，我只能這麼想。

這時南彰記者開口了。彷彿就是為了這一刻，他熟讀了菅氏在二〇一二年於在野黨時期發表的著作《政治家的覺悟（註31）》，並有條有理地開口詢問：「某位政治家的著作裡頭寫了這麼一段話：『政府一絲不苟地留下各種紀錄是理所當然，會議紀錄是最基本的資料，怠忽製作是對國民的背信棄義』。官房長官您知道這句話是誰寫的嗎？」

「我不知道。」菅官房長官回答說，臉色絲毫不變。

註31 文藝春秋企劃出版部出版。

南記者又接著說：「這段話寫在官房長官您的著作裡。」

被指出現在行為和五年前的著作有所矛盾後，菅官房長官露出冷笑回答說：「不是，我想我有留下紀錄喔。」

小我三歲的南記者，常讓容易即興演出的我感到佩服。一方面，我也湧現了一個單純的疑問——他的同事，官邸專職記者和官房長官專職記者也會參加內閣記者會，為何他還要參加官房長官的例行記者會呢？

我是社會部門的，因為部門不一樣所以來參加也不會重複，但南記者是政治部門的。我詢問他理由後，他的回答讓我差點忍不住掉淚。

因為我在例行記者會反覆發問的模樣，在網路和影音網站上受到了抨擊。

「我看到這樣，覺得應該稍微幫妳一下。」

他不是官邸專職記者，所以無法頻繁出席例行記者會。但我光是在記者會室看到吉田記者和南記者的身影，就會覺得自己不是一個人，幹勁也會跟著提高。

話雖如此，我還是有點擔心。我是社會部門的所以還好，但他隸屬政治部門。記者會室裡頭還有好幾位朝日新聞的政治部門記者。

「你這樣可以嗎？在政治部門待得下去嗎？」

下一秒，他的回答令人陶醉。

「我認為這要看身為新聞記者，每個人重視的是什麼。所以這麼做沒關係的。」

南記者在千葉總局的時候就非常優秀，調升到東京總公司時不只是政治部門，就連社會部門也想要他。難怪他身為政治部門的記者，思維卻和社會部門的記者極其相近。

他雖然年紀比我小，但我常常跨越公司的藩籬找他商量事情。如同吉田記者一樣，他也是我能打從心底尊敬的記者之一。

為了擴展人脈

因為我在去年出版了兩本關於武器出口的書，所以得到許多演講的邀請。這樣的人脈擴展只靠寫新聞是做不到的。我的主軸當然是新聞，但我感覺到今後必須在各種管道發聲。

我演講的主題主要是至今採訪的武器出口，但邀請者和聽眾似乎想聽我和菅長官過招的事情，在QA時間時，這類問題也增加了。演講從幾百人到幾十人的規模都有，只要行程允許我會盡量接受邀請。

另外，最近也開始有人想採訪我，讓我有機會在電視、廣播、週刊、女性雜誌或網路電視等各種媒體上發聲。我開始在想，希望能把當今政治的問題點，也傳達給不會閱讀東京新聞或中日新聞的人。

前陣子擁有眾多讀者的《文春Online》刊登了我的專訪。內容分為前後篇，標題分別是「我『大聲』質問官房長官的理由」和「積極質問長官的我，在夫婦吵架是被動的一方」。

《AREA dot.》和《Business Insider》也以「為何會在記者會發問」為開頭，把我在記者會上無法傳達的想法寫成了報導。

以十到二十歲年輕女性為主要讀者的《Cyzowoman》也採訪了我。他們標榜自己的網站是「刺激女性的新聞部落格」，偶像的戀愛等新聞是其人氣話題。我向部長提出申請時，他一臉迷糊地問「話說這個《Cyzowoman》是什麼？」

會答應他們的採訪，是因為我想讓不閱讀新聞的年輕人也能稍微關心政治。

後來我的採訪混在藝人相關的新聞中，標題是「東京新聞的望月衣塑子告訴你，安倍政權不為人知的一面——記者有如間諜一樣……」，聽採訪我的人說這篇文章拿到排行榜第一名時，我感到非常開心。

從森友問題開始，包含前川先生一事在內的加計問題，以及詩織小姐的問題，這三個問題的本質是什麼？現在的日本發生了什麼事？為何黑的事情會硬被說成白的？安倍政權到底哪裡有問題？

我帶著使命感敏銳地追究問題，並透過東京新聞的報紙傳達給讀者，這樣的日子今後也不會改變。我身處的環境可以連結到政權或官邸，並敲響唯一的一扇門。這點讓我感到幸福，必須這麼做的意念也更加強烈。

但現在的我變成了出頭鳥。今後官邸可能會限制問題的數量，或禁止我參加內閣記者會。聽說菅長官相當憤怒。

今後我身為社會部門的新聞記者該做什麼？

發問並得到回答當然是我的目的，但我感覺要依靠現在的菅官房長官似乎很困難。

這樣我的詢問就沒意義了嗎？我並不這麼認為。

任職期間為歷代最長的菅官房長官，就算遇到可能會撼動政權的官僚醜聞或失言遭到抨擊，也能用「不是你所說的那樣」來冷淡回應，當下表情幾乎不會改變，一路展現的防守功力可說是銅牆鐵壁。

但交手約三個月後，一直以來被譽為「安定之菅」的菅官房長官，似乎稍微被我引出另一張不同的臉孔，給予觀者很大的不協調感。

大家常說「我不會看氣氛」，我覺得說得一點也沒錯，不如說我是刻意不去看的。也正因如此，才能讓菅長官顯露出想盡可能隱藏的另一副表情吧。

看到那樣的表情，讓我覺得「『不是為了加計量身打造的』這種藉口實在太難說服人了」。看到的人應該也會這樣想吧。這樣的積少成多會變成巨大的聲量，成為足以撼動政權的力量來源——我如此相信，同時每天跑首相官邸。

我沒做什麼特別的事情，只是想揭露當權者試圖隱瞞的內幕。所以我帶著熱情面對我的採訪對象。

我身為記者一路抱持的原則不變，今後我也會反覆詢問自己覺得奇怪的事情，就算對方覺得我很煩，對我產生厭惡感，我也會緊咬不放，像在解拼圖一樣，逐一破解問題。

我很幸運能從事這份從國中就抱持憧憬的職業。不管採訪對象是誰，新聞記者望月衣塑子的立場永遠不會改變。

後記

在晴朗無雲的天空下兜風非常舒服。光是眺望著水平線無限延伸的大海，就彷彿會被吸入其中。盂蘭盆節這一週政府機構放暑假，官邸記者會也停開。我利用這段空出的時間，開車載著孩子們去千葉。

暑假去千葉還是頭一遭。至今我都是帶著母親到沖繩進行家族旅行。母親喜歡當地一家陽光灑落的明亮飯店，每年我們都會下榻在那裡。這算是每年的例行公事，但我今年實在沒心情去。

外子也因為工作喬不攏，於是我決定邀大舅去一趟房總半島。住在千葉的大舅在母親離世的時候幫了我很多忙。我們在濱海餐廳品嘗新鮮的海鮮，然後悠閒地泡在能眺望大海的溫泉中。

我們下榻的飯店有游泳池，但這幾天的天氣不是特別好，有時會覺得帶有涼意。但孩子們完全不在乎，精力充沛地在戲水。

第一天下雨，天空陰陰的，第二天則是晴朗的好天氣。望著車外的景色，我心想終於像在旅行了，內心的緊張得到解放，讓我打從心裡感到放鬆。

我放空的同時，回想那忙碌的每一天。

記者會、採訪、寫稿、採訪和演講等，我都盡可能用心對應。一方面，官房長官的記者會一直讓我感覺不耐煩。我很想從菅長官那裡問出答案，但他總是打太極拳，要我「去問文科省」、「去問財務省」或「去問國會對策委員會」。這樣距離成功還很遙遠。

我受到的抨擊也很驚人。被人挑語病、斷章取義提問內容，還被部分的媒體報導出來。我自己的措辭還有不成熟的地方，但有些報導只能說是刻意針對，我有好幾次都覺得很懊悔。

母親如果還活著，可能會流淚吧……她總是擔心我。去年我出書的時候也是，她感到開心的同時，說：「這種時候妳更要小心一點啊。越是往外走，就越會遇到扯妳後腿的人。」

我怕想到母親會難過，所以選擇了千葉，但在這裡還是想起了她。因為每天都很忙碌，我得以避免陷入失去感，我也故意將行程塞滿，彷彿想靠忙碌讓自己分心。

話雖如此，我在時間上不夠充裕，每天過著充滿壓力的日子，不知不覺間似乎過度緊繃了。我在家裡想拋開工作來面對家人，但可能下意識流露出了緊張感吧？

我在泳池跟女兒一起嬉鬧時，她笑著對我說：「媽媽應該也很開心吧？」

女兒還在學齡前。她雖然還小，但大概是感受到我內心的焦躁，所以才會擔心我吧？我覺得很抱歉的同時，女兒的可愛也填滿了我的心窩。

暑假結束，我再次回到例行記者會後，發現氣氛整個改變了，這點本文也有寫到。

令人焦急的每一天中，還是有新的發現。

原本位居幕後的我，意外地跑到了臺前，對政治家也開始湧現某種尊敬。政治家常會在記者會等處展現赤裸裸的自己。這有時是好事，有時則會被抨擊得體無完膚，最後在選舉受到制裁。

等我自己也變成眾矢之的，常在網路上變成攻擊的對象後，我才察覺到這件事，政治家們則是一直這麼做。我深深感覺到，這靠半吊子的決心可是做不到的。

而我在公司內外被集中火力攻擊的機會也增加了。明明只是問一些身為記者想知道的事情罷了……我很想努力，但這樣有意義嗎……為什麼我要被罵得這麼慘……這樣的話乾脆就別去記者會了……

有好幾次，這些懦弱的想法閃過我的腦中。

但我還是設法打起精神持續出席，因為我是新聞記者。我們一直以來都在摸索當權者試圖隱瞞的事情，並將它公諸於世。在千葉分部時代，某位鑑識課的資深刑警曾對我說：「我會不會說出資訊，不是看對方是哪家報社，而是要看記者對案件有多少熱情，是否有認真當一回事。」這句話成了我的精神支柱，至今我都帶著胸口湧現的熱情去接觸採訪對象。

森友與加計問題還有堆積成山的疑問尚未釐清。政權或官僚們總會說「沒有資料，筆記已經丟了」或「我沒有記憶」等諸如此類的發言，不管怎麼想都很不自然，而且流程根本不透明。

有句話我一直很喜歡，是印度獨立之父——莫罕達斯．甘地說的。

「你的行動或許沒有意義，但你還是非做不可。這不是為了改變世界，而是為了讓你成為不會被世界改變的那個人。」

我無法輕易改變現狀，這麼做是為了讓我不被環境或周圍的人改變，也是為了不讓自己相信的正義迷失掉。就算最後只剩我一個人——

今後我會透過報導或演講，向許多的人傳達政治或社會的問題點。

為了肩負未來的主人公，我想要慢慢累積現在的我能做到的事情。

二〇一七年九月　望月衣塑子

本書的頭銜若無特別說明，皆為撰寫當下之稱呼。

嬉文化

新聞記者：讓首相拒絕回答的女記者

（原名：新聞記者）

著　者／望月衣塑子
執 行 長／陳君平
榮譽發行人／黃鎮隆
協　理／洪琇菁
總 編 輯／呂尚燁
譯　者／林信帆
美術總監／沙雲佩
美術編輯／方品舒
執行編輯／丁玉霈
國際版權／黃令歡、高子甯
文字校對／施亞蒨
內文排版／謝青秀

出　版／城邦文化事業股份有限公司　尖端出版
台北市中山區民生東路二段一四一號十樓
電話：（〇二）二五〇〇－七六〇〇
傳真：（〇二）二五〇〇－二六八三
E-mail：7novels@mail2.spp.com.tw

發　行／英屬蓋曼群島商家庭傳媒股份有限公司城邦分公司　尖端出版
台北市中山區民生東路二段一四一號十樓
電話：（〇二）二五〇〇－七六〇〇（代表號）
傳真：（〇二）二五〇〇－一九七九

中彰投以北經銷／楨彥有限公司（含宜花東）
電話：（〇二）八九一九－三三六九
傳真：（〇二）八九一四－五五二四

雲嘉以南／智豐圖書有限公司
（嘉義公司）電話：（〇五）二三三－三八五二
傳真：（〇五）二三三－三八六三
（高雄公司）電話：（〇七）三七三－〇〇七九
傳真：（〇七）三七三－〇〇八七

香港經銷／城邦（香港）出版集團有限公司
香港灣仔駱克道一九三號東超商業中心一樓
電話：（八五二）二五〇八－六二三一
傳真：（八五二）二五七八－九三三七
E-mail：hkcite@biznetvigator.com

新馬經銷／城邦（馬新）出版集團 Cite（M）Sdn. Bhd.
E-mail：cite@cite.com.my

法律顧問／王子文律師　元禾法律事務所
台北市羅斯福路三段三十七號十五樓

二〇二三年十月一版一刷

■中文版■

郵購注意事項：
1.填妥劃撥單資料：帳號：50003021戶名：英屬蓋曼群島商家庭傳媒(股)公司城邦分公司。2.通信欄內註明訂購書名與冊數。3.劃撥金額低於500元，請加附掛號郵資50元。如劃撥日起 10～14日，仍未收到書時，請洽劃撥組。劃撥專線TEL：(03)312-4212 ・ FAX：(03)322-4621。E-mail：marketing@spp.com.tw

國家圖書館出版品預行編目資料

新聞記者 / 望月衣塑子作 ; 林信帆譯 . -- 一版 . -- 臺北市 : 城邦文化事業股份有限公司尖端出版 : 英屬蓋曼群島商家庭傳媒股份有限公司城邦分公司尖端出版發行 , 2023.10

面 ; 公分

譯自 : **新聞記者**

ISBN 978-626-377-008-9 (平裝)

1.CST: 望月衣塑子 2.CST: 自傳 3.CST: 新聞記者

783.18 112012076